KB091096

살아있는 역사 재미있는 논술

❸ 붕당 정치에서 관동 대지진까지

모난돌역사논술모임 지음

BM 성안당
www.cyber.co.kr

추천의 글

어린이들은 역사를 처음 만날 때 역사 만화나 어린이 역사책으로 만납니다. 흥미위주의 역사 만화는 읽기도 쉽고 재미있어 어린이들이 좋아합니다. 술술술 읽혀지다보니 많은 어린이들이 즐겨 찾는답니다. 최근엔 통사를 다루면서도 역사적 맥락을 잘 짚어 가며 다양한 이야기를 엮어내는 재미난 어린이 한국사 책이 많이 출간되었습니다. 예전보다 한국사 공부를 할 때 선택의 폭이 훨씬 넓어졌답니다.

그런데도 아직 역사 공부가 어렵다고 호소하는 친구들이 많이 있습니다. 선생님과 이야기를 나눠보면 그 친구들은 한국사를 단순한 암기로 생각하여 결과만 외우려고 합니다. 그러다보니 역사가 무척 어렵게 느껴질 수 밖에 없었던 거예요. 역사란 특별한 공간과 시간에 살았던 사람들이 엮어낸 사람들의 이야기입니다. 그 사람들 사이의 다양한 이야깃거리가 있는데 그건 다 빼고 결과만을 외우려하니 앞뒤도 맞지 않고 헷갈리기만 하는 것이지요. 책을 읽을 때 책 속에 담긴 숨어 있는 이야기를 찾아내고 재구성할 수 있을 때 책읽기의 재미에 푹 빠질 수 있는데 그러질 못한 것이 요즘 책읽기 모습입니다.

선생님들은 초, 중, 고등학교에서 학생들과 역사 공부도 하고, 체험학습연구회 (사)모아재 전국교사모임에서 역사 답사와 연구도 하고, 역사책을 펴내기도 했답니다. 그러다보니 많은 친구들과 부모님들이 어떻게 하면 역사 공부를 잘 할 수 있을까를 물어 보곤 하지요. 그때 마다 아쉽지만 뾰족한 답을 줄 수 없답니다. 역사 공부에 지름길은 없습니다. 자신에게 맞는 책과 방법을 찾아 꾸준히 익히는 것 외에는 달리 방법이 없어요. 역사책을 읽으면서 역사 속 인물이 되어 사건 속으로 뛰어 들어보기도 하고, 슬픈 역사의 순간에 나도 모르게 눈물이 주르륵 흘러내릴 때 진정 역사 공부의 재미를 알게 되는 것이랍니다.

역사 공부를 잘 하고 싶은 친구들!

친구들에게 좋은 소식이 있어요. 이번에 개정판을 출간하는 《살아있는 역사 재미있는 논술》을 보면서 선생님은 어린이 여러분들이 떠올랐습니다. 우리 친구들이 역사의 참 맛을 느낄 수 있게 잘 엮어진 책을 발견하게 되어 얼마나 기쁜지 모른답니다. 여러분이 역사 공부를 할 때보다 재밌는 방법을 경험할 수 있을 겁니다.

이 책의 특징은 역사 속에서 중요한 사건이나 인물을 선별하여 각 단원을 구성하고 있습니다. 이야기를 순서대로 읽다보면 우리 역사의 징검다리를 하나씩 건널 수 있게 만들어 놓았답니다. 좀 더 자세히 들여다보면 역사 탐구, 역사 해석, 역사 토론, 역사에 비추어 보는 오늘, 첨삭지도와 부록으로 이루어져 있습니다. 하나 하나 읽고 문제를 해결하다 보면 역사의 실마리를 잡고 실타래를 풀어가는 경험할 수 있을 겁니다.

어린이 여러분에게 좋을 책을 소개할 수 있어 무척 기쁘답니다. 《살아있는 역사 재미있는 논술》과 함께 역사학자가 되어 보기를 권해봅니다.

체험학습연구회 (사)모아재 선생님 (김봉수, 김진호, 신대광, 조성래)

66 최신개정판에 부쳐 99

사람은 살아오면서 겪고 듣고 배운 것 가운데에서 옳은 것은 실천하고 옳지 않은 것은 피하고 버릴 줄 안다. 경험에서 배우고 성장해 나가는 것이다.

역사도 마찬가지다. 우리가 역사를 공부하는 까닭은 지나온 역사에서 잘못된 부분은 바로잡고, 잘된 부분은 계승해 나가기 위함이다. 그러기 위해서는 역사를 제대로 알아야 한다.

《살아있는 역사 재미있는 논술》은 이러한 문제의식에서 출발한 책이다. 그래서 역사는 지루하고 힘든 암기 공부가 아니라 재미있고 즐거우며 과거를 통해 미래를 여는 살아있는 배움터라는 사실을 알려주려고 노력했다.

세상 어떤 일이든 그 일이 일어난 데는 이유가 있고 순서가 있다. 논술이란 그 이유와 순서를 따라잡는 글이다. 따라서 역사를 읽는 것만으로 자연스럽게 논술 공부가 되도록 만들었다.

《살아있는 역사 재미있는 논술》이 독자들을 만난 지 10년이 되었다. 세월이 흐르면서 새로운 역사 연구도 쌓이고 역사 교과서도 조금씩 바뀌었다. 또 교육 환경도 많이 변화했다. 이런 변화에 발맞추어 내용을 더할 것은 더하고, 뺄 것은 뺐다. 이전 책에서 부족했던 부분도 보완했다. 또 표현이 부자연스러운 부분은 고치고 다듬었다.

기존 108단원이었던 것을 60단원으로 줄였다. 6권이던 책은 본책 4권에 논술 워크북 1권을 더한 5권으로 줄었다. 1권은 《인류 등장에서 후삼국 통일까지》, 2권은 《고려 건국에서 병자호란까지》, 3권은 《붕당 정치에서 관동 대지진까지》, 4권은 《한인 애국단에서 대한민국까지》이다. 그리고 5권은 기존 논술 코너를 재정리한 논술 워크북으로 만들었다. 이런 과정을 거친 《살아있는 역사 재미있는 논술》 최신판은 새로운 책으로 독자들을 만나게 될 것으로 생각한다.

모쪼록 이 책을 통해 역사 속 사건에 대한 인과 관계를 파악하고 판단을 내릴 수 있기를 바란다. 또 자기 생각을 표현하는 과정 등을 거치며 역사의식과 논리력이 한층 성장되기를 바란다.

아울러 현재는 과거가 쌓여 만든 결과물이다. 현재에 가까울수록 우리들 삶에 많은 영향을 미치고 있다. 하지만 우리네 역사 교육은 고대사부터 조선 시대사까지는 쉼없이 달려오지만 근현대사에 이르러 주춤하는 경향이 있다. 학교에서도 시험 이후에 진도가 나간다는 이유로 현대사에 소홀해지기도 한다. 현대사에 조금 더 관심을 가지고 고민을 해 주기를 바란다. 가까운 역사가 우리네 삶에 더 큰 영향을 미치고 있으니 말이다.

역사 논술 저자 일동

이 책의 생김새와 쓰임새

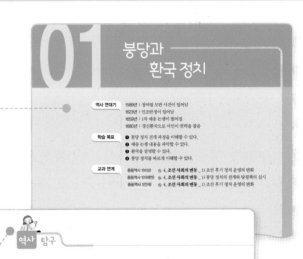

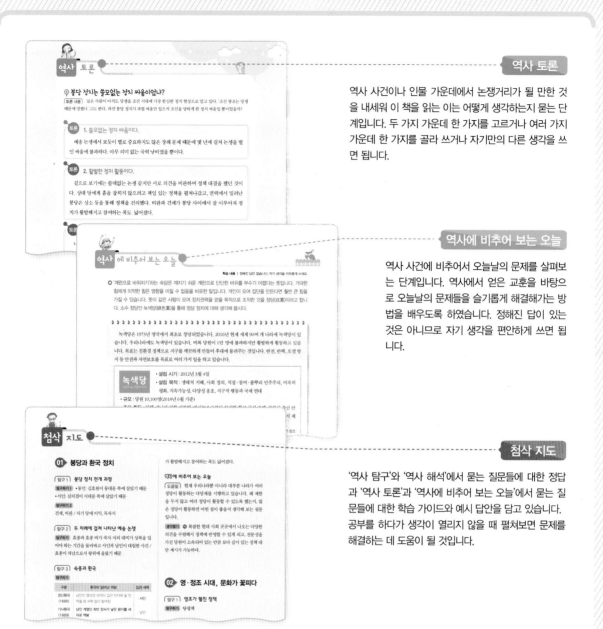

배운내용 토론하기

역사에 비추어 보는 오늘

※지난 역사 사건에 비추어서 오늘날 상황 및 문제를 살펴보고 생각해보는 꼭지입니다. 오늘날 상황과 문제에 대한 슬기로운 해결 방법을 찾아보세요.

※중학교 역사교과서, 교과연계 출판사 선정은 2017년 기준 교과서 채택 상위 3곳을 대상으로 하였음을 알려드립니다.

01 붕당과 환국 정치

학습 목표

❶ 붕당 정치 전개 과정을 이해할 수 있다.
❷ 예송 논쟁 내용을 파악할 수 있다.
❸ 환국을 설명할 수 있다.
❹ 붕당 정치를 바르게 이해할 수 있다.

◀ **안동 도산 서원(위)** 퇴계 이황의 학문과 덕행을 기리기 위해 세웠다.
◀ **강릉 오죽헌(아래)** 신사임당과 율곡 이이가 태어난 유서 깊은 집이다.

구분	퇴계 이황(1501~1570)	율곡 이이(1536~1584)
역할	도덕규범 확립, 신분 질서 유지	현실 개혁 주장
영향	• 이황 제자들이 동인으로 성장 • 위정척사 사상, 일본 성리학에 영향	• 이이 제자들이 서인으로 성장 • 실학사상, 개화사상에 영향
저서	《성학십도》, 《주자서절요》	《성학집요》, 《격몽요결》

탐구 1 · 붕당 정치 전개 과정

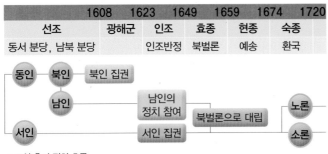

	1608	1623	1649	1659	1674	1720
선조		광해군	인조	효종	현종	숙종
동서 분당, 남북 분당			인조반정	북벌론	예송	환국

▲ 조선 후기 정치 흐름

사화로 권력에서 밀려났던 사림은 선조가 즉위하면서 다시 중앙 정계로 진출하기 시작했다. 하지만 관직에 오르려는 사람들이 갑자기 늘어나자 치열한 경쟁을 해야 했다. 학연과 정치에 대한 입장에 따라 나뉘어 붕당(朋黨)을 만들었다. 같은 붕당에 속한 사람들끼리 서로 끌어주고 밀어주면서 관직을 차지하기 위해 경쟁했다. 이런 붕당 정치는 서로 견제와 비판을 통해 화합하고 협력하는 길을 찾으려고 했다. 그러나 예송 논쟁과 환국을 거치면서 점점 권력 투쟁에만 매달리고 일당 전제화로 변질되었다. 자기 당에 이익이 되는 것과 권력을 독차지하기 위해 상대 당을 부정하고 없애려는 현상까지 나타나게 되었다.

💡 동인과 서인(선조 1567~1608)

붕당 정치는 선조 때 자리가 빈 이조 전랑을 누구로 정할 것인지 결정하는 문제부터 시작되었다.

> **이조 전랑(吏曹銓郞)** 이조에 소속된 관리로, 정5품 정랑과 정6품 좌랑을 합해서 부르는 이름이다. 높은 지위는 아니었지만 관리를 추천하고 자기가 물러날 때 뒤를 이을 사람을 정할 수 있는 권한을 가지고 있었다.

선조 즉위부터 관직에 나온 사람들에게 지지를 받는 김효원과 선조 즉위 이전부터 관직에 있던 사람들에게 지지를 받는 심의겸은 각각 편을 나누어 서로 이조 전랑 자리를 차지하려고 했다. 김효원이 이조 전랑 자리에 천거되자 심의겸이 반대했으나 김효원은 이조 전랑 자리에 올랐다. 김효원이 임기를 마치고 물러날 때 후임자로 심의겸 아우인 심충겸이 천거되었으나, 김효원이 반대해 임명되지 못했다. 이 일로 대립한 김효원과 심의겸을 중심으로 붕당이 만들어졌다. 김효원은 동대문 쪽, 심의겸은 서대문 쪽에 살았기 때문에 지지 세력이 동쪽과 서쪽으로 모인다고 해서 각각 동인, 서인이라고 불렀다.

동인은 주로 이황 제자, 서인은 주로 이이 제자가 많았다. 이황은 성리학을 통해 도덕과 성품을 갈고 닦는 것, 이이는 현실을 개혁해 백성들이 잘 살 수 있는 길을 찾는 것을 중요하게 여겼다.

🔍 탐구하기 1. 동인과 서인이라고 이름을 붙인 까닭은 무엇인가요?

- 동인:
- 서인:

남인과 북인(정여립 모반 사건과 정철 이후)

붕당 정치 초기에는 동인 세력이 정치를 이끌었다. 그런데 이이 제자였던 서인 정여립이 동인으로 옮겨갔다. 그러자 서인은 물론이고 동인도 스승을 저버리고 왔다며 정여립을 비판했다. 정여립은 자신이 동인과 같은 생각이라는 것을 보여 주기 위해 이이를 맹렬히 비난했다. 그러자 이이를 무척 아꼈던 선조도 못마땅해 했다. 설 자리가 없어진 정여립은 전라도 진안군 죽도로 내려갔다. 그곳에서 왜구를 막기 위해 군사 조직인 대동계를 만들었으며, 여수에 쳐들어온 왜구를 몰아내기도 했다. 하지만 군대를 키운다는 이유로 모반죄가 씌워졌고, 정여립은 아들과 함께 자살하고 말았다. 정철이 이 사건을 처리하면서 동인 1천여 명이 화를 입었다. 1589년에 일어난 사건이라 이를 '기축옥사'라 한다.

2년 뒤, 좌의정 정철은 광해군을 세자로 책봉할 것을 선조에게 건의했다. 신하가 나서서 세자 책봉 문제를 말하는 것은 임금 권위에 도전하는 것이었다. 크게 화가 난 선조는 정철을 비롯한 서인을 유배 보냈다. 정철에게 죄를 묻는 과정에서 동인은 온건파인 남인과 강경파인 북인으로 나뉘었다.

대북과 소북(광해군 1608~1623)

임진왜란이 끝난 뒤 북인이 권력을 잡았으나 선조 후계 문제 때문에 대북과 소북으로 나뉘었다. 적통(적자 자손의 계통)론을 내세워 중전에게서 태어난 영창 대군이 왕위를 이어야 한다고 주장한 사람들을 소북파라 하고, 세자를 폐위하는 것은 도리에 맞지 않으니 광해군을 왕으로 세워야 한다고 주장한 사람들을 대북파라고 했다. 광해군이 왕위에 오르자 대북파가 권력을 독점했다.

노론과 소론(숙종 1674~1720)

서인은 송시열을 중심으로 대의명분과 민생 안정을 강조하는 노론과 윤증을 중심으로 실리를 중시하고 북방 개척을 주장하는 소론으로 나뉘었다. 또 남인을 처벌하는 문제에서도 노론은 강경하게, 소론은 온건하게 처리해야한다고 서로 맞섰다.

▲ 송우암수명유허비(전라북도 유형 문화재 제50호) 노론 우두머리였던 우암 송시열이 제주도로 유배되었다가 한양으로 압송되던 중 사약을 받은 자리이다.

탐구하기 2. 다음은 붕당 정치의 긍정적인 면과 부정적인 면입니다. 빈칸에 들어갈 말을 쓰세요.

- 긍정적인 면 : 서로 (   )와 (   )을 통해 화합과 협력을 모색했다.
- 부정적인 면 : (   )이 되는 것과 권력을 (   )하기 위해 상대 당이 존재하는 것을 부정하는 현상까지 나타났다

탐구 2 ─ 두 차례에 걸쳐 나타난 예송 논쟁

예송(禮訟) 논쟁은 유교 예법에 관한 논쟁으로 1659년 효종 장례를 치르는 문제 때문에 일어났다 (1차 예송). 인조 부인인 자의 대비가 얼마동안 상복을 입을지 남인과 서인은 대립했다. 효종은 인조 뒤를 이어 왕위에 올랐지만, 인조 맏아들이 아니었다. 청나라에서 돌아온 소현 세자가 죽으면서 둘째 아들인 효종이 왕위를 이은 것인데, 당시 예법에 따르면 왕이 세상을 떠났을 때 맏아들이냐 아니냐에 따라 부모가 상복을 입는 기간이 달랐다.

이때 실권을 잡고 있던 송시열 등 서인은 《주자가례》에 따라 효종이 차남이기 때문에 1년 상이어야 한다고 했다. 이에 대해 윤휴 등 남인은 《국조오례의》에 따라 효종이 비록 차남이어도 왕위를 이었기 때문에 장남으로 간주해 3년 상이어야 한다고 주장했다. 11세에 왕이 된 현종 은 서인 뜻에 따라 1년 상을 받아들였고, 남인은 기세가 꺾였다.

> • 《주자가례(朱子家禮)》 중국 송나라 주자가 가정에서 지켜야 할 예의범절에 관해 저술한 책으로, 주로 관혼상제(冠婚喪祭)에 대한 사항을 담았다.
> • 《국조오례의(國朝五禮儀)》 1474년(성종 5)에 간행한 오례에 관한 책이다.

그러나 15년 뒤에 효종 부인인 인선 왕후가 죽자 또다시 자의 대비가 상복을 입는 기간이 문제가 되었다(2차 예송). 서인은 9개월 상을 주장했고, 남인은 1년 상을 내세워 서인을 적극 공격했다. 성인 이 된 현종은 이번에는 1년 상을 받아들여 남인이 힘을 얻는 계기가 되었다.

두 차례에 걸친 예송 논쟁은 단순한 장례 절차 문제가 아니라 둘째 아들로서 왕위에 오른 효종에 대한 정통성 문제였다. 또 신권 정치를 내세운 서인과 왕권 강화를 주장한 남인이 맞선 사건이었다. 붕당은 예송 논쟁을 거치면서 경쟁과 대립이 더욱 심해졌고 권력 다툼도 치열해졌다.

※ 1, 2차 예송에서 나타난 서인과 남인의 의견 차이

구 분	서인(송시열)	남인(허목)
근거 자료	《주자가례》	《국조오례의》
효종 장례에 자의 대비 복상 기간	1년	3년
효종 비 장례에 자의 대비 복상 기간	9개월	1년
정치적 노선	신권 강화론	왕권 강화론
결과	1차 예송 논쟁 승리	2차 예송 논쟁 승리

탐구하기 예송 논쟁이란 무엇이며, 논쟁이 일어난 까닭은 무엇인가요?

탐구 3 • 숙종과 환국

2차 예송 논쟁이 일어난 해에 현종이 죽고 숙종이 왕위에 올랐다. 숙종은 한쪽 붕당에 권력을 몰아주었다. 하지만 자기 뜻에 따르지 않으면 다른 붕당으로 바꾸기도 했다. 이렇게 집권 세력을 바꾸는 것을 환국(換局)이라고 부른다. 왕이 마음먹기에 따라 권력에서 밀려날 수 있다는 것을 알게 된 신하들은 왕 눈치를 보게 되었다.

1680년(경신년) 숙종은 남인인 영의정 허적이 집안 잔치에 쓸 천막을 왕 허락도 받지 않고 빌려간 것을 빌미로 남인을 몰아내는 환국을 단행했다. 권력을 독차지한 서인은 남인을 완전히 누르기 위해 주요 인물을 죽였다. 이때부터 붕당 정치는 상대 당을 없애버리려는 싸움으로 흘러가게 되었다.

1689년(기사년)에는 남인 쪽 사람인 희빈 장씨 아들을 세자로 책봉하는 것에 반대하는 송시열과 서인이 몰락하고 남인이 정권을 잡았다. 남인도 서인에게 심한 보복을 가했고, 서인 쪽 사람인 인현 왕후를 자식을 낳지 못한다며 폐위시켰다. 이때 희빈 장씨가 왕비가 되었다.

1694년(갑술년) 인현 왕후를 다시 왕비로 올리자는 운동이 일어나자 남인은 서인을 완전히 몰아내기 위해 가혹하게 탄압했다. 인현 왕후를 폐위시킨 것을 후회하던 숙종은 왕비 장씨를 희빈으로 낮추고 인현 왕후를 복위시켰다. 권력을 잡은 서인은 남인이 다시는 일어설 수 없게 하려고 더욱 가혹하게 보복을 했다. 1701년 인현 왕후가 죽자 인현 왕후를 저주했다며 희빈 장씨에게 사약을 내렸다.

여러 차례 환국을 거치면서 붕당 사이에 균형은 무너졌고, 한 붕당이 권력을 독차지하는 '일당 전제화'가 생겨났다. 이 과정에서 남인을 제거하는 문제를 둘러싸고 서인이 노론과 소론으로 갈라졌다. 희빈 장씨 아들인 세자(경종)를 보호하려는 소론과 연잉군(영조)을 왕위에 올리려는 노론이 크게 대립했다.

숙종은 노론과 소론이 대립하는 것을 막기 위해 골고루 인재를 등용한다는 탕평교서를 내리기도 했지만, 큰 호응을 얻지 못했고 제대로 실시되지도 않았다.

탐구하기 숙종 때 세 차례 환국이 일어난 까닭과 집권 세력을 나타낸 표입니다. 빈칸에 들어갈 말을 써 보세요.

구 분	환국이 일어난 까닭	집권 세력
경신환국(1680)	( )	서인
기사환국(1689)	남인 계열인 희빈 장씨가 낳은 왕자를 세자로 책봉	( )
갑술환국(1694)	( )	서인

해석 ∘ 예송 논쟁은 왜 발생했나요?

　　예송 논쟁은 17세기 전반 서인과 남인이 유교식 절차를 정한 예학(禮學)을 어떻게 실천할 것인가를 놓고 논쟁을 벌이면서 시작되었다. 성리학을 지배 이념으로 삼아 도덕이 바로 선 나라를 만들려는 조선에서 예(禮)를 실천하는 문제는 가장 중요한 일이었다. 예의에 어긋난다는 것은 치명적인 약점이 되어서 비난을 받아야 했다. 더구나 왕실은 모든 일에 모범이 되어야 했기 때문에 왕실 예법 문제는 권력까지 바꿀 수 있는 중대한 것이었다.

　　남인은 《국조오례의》에 따라 왕과 백성에게 같은 예를 적용해서는 안 된다고 주장했다. 효종이 둘째 아들이지만 왕위를 이었으므로 큰 아들로 대우해야 한다고 한 것이다. 하지만 서인은 왕도 백성도 《주자가례》에 따라 같은 예를 적용해야 한다고 주장했다. 효종이 둘째 아들이므로 왕위를 이었다 하더라도 큰 아들로 대우할 수 없다고 한 것이다.

　　효종을 큰 아들로 보아야 하는지 아니면 작은 아들로 보아야 하는지에 관한 문제는 왕위 계승에 대한 정당성 문제로까지 발전했다. 서인이 내세운 주장대로 해석하면 지금 임금인 현종도 왕위를 잘못 이은 것이 된다. 세자가 왕이 되지 못하고 죽으면 다음 왕은 그 세자 아들이어야 하므로 효종이 아닌 소현 세자 아들이 왕위를 이어야 한다. 그 말은 효종이 왕위에 오를 수 없는데도 올랐다는 것이고, 효종 아들인 현종도 잘못된 왕위 계승자라는 뜻이다.

　　이런 해석을 하다보면 임금을 부정하는 꼴이 되어 역적으로 몰려 목숨을 잃을 수도 있다. 결국 예송 논쟁은 장례를 치르는 격식 문제만이 아니라 예를 최고로 여기던 성리학이 내세우는 핵심을 다루는 중요한 문제였다.

　　그동안 예송 논쟁을 상복을 입는 문제로 벌인 당파 싸움이라며 나쁘게만 보아 왔다. 하지만 조선은 학문과 현실 정치가 다르지 않았다. 학자들이 성리학을 공부한 다음 그 학문으로 어떻게 하면 백성을 잘 다스릴 것인가를 연구했고, 그 연구 결과를 정치로 펼쳐내는 과정에서 벌어진 토론이다. 비록 예송 논쟁은 예에 따라 나라를 다스리려는 과정에서 시작되어 왕에 대한 정통성 문제까지 이어졌고, 정치가 혼란해지는 원인이 되었지만 논쟁 자체까지 나쁘게 보아서는 안 된다.

> 📍 **해석하기**　서인 주장에 따르면 현종이 왕위를 계승한 것은 어떤 문제가 있는 것일까요?
>
> _____
>
> _____

붕당 정치는 쓸모없는 정치 싸움이었나?

토론 내용 많은 사람이 아직도 당쟁을 조선 시대에 가장 한심한 정치 현상으로 알고 있다. '조선 왕조는 당쟁 때문에 망했다.'고도 한다. 과연 붕당 정치가 파벌 싸움만 일으켜 조선을 망하게 한 정치 싸움일 뿐이었을까?

 1. 쓸모없는 정치 싸움이다.

예송 논쟁에서 보듯이 별로 중요하지도 않은 장례 문제 때문에 몇 년에 걸쳐 논쟁을 벌인 싸움에 불과하다. 아무 의미 없는 국력 낭비였을 뿐이다.

 2. 활발한 정치 활동이다.

겉으로 보기에는 쓸데없는 논쟁 같지만 서로 의견을 비판하며 정책 대결을 했던 것이다. 상대 당에게 흠을 잡히지 않으려고 책임 있는 정책을 펼쳐나갔고, 권력에서 밀려난 붕당은 상소 등을 통해 정책을 건의했다. 비판과 견제가 붕당 사이에서 잘 이루어져 정치가 활발해지고 참여하는 폭도 넓어졌다.

 3. 그래도 쓸모없는 정치 싸움일 뿐이다.

나랏일과 민생은 뒷전에 밀어둔 채 자기 당만 이익을 얻으려고 경쟁하다가, 끝내는 나라마저 망하게 했다. 당쟁만 하느라 조선은 근대화가 늦어졌고, 일제에 식민 통치까지 받게 되었다.

 4. 아무리 그래도 활발한 정치 활동이다.

붕당 정치를 나쁘게 보게 만든 '당쟁'이라는 말은 일본 학자가 만들었다. 일본 학자는 조선이 망한 것은 당쟁 때문이고, 당쟁은 조선 사람이 원래부터 단결하지 못하고 분열하기를 좋아하기 때문에 생긴 것이라고 주장하면서 일본이 조선을 지배하는 핑계를 만들려고 했다.

토론하기 붕당 정치는 쓸모없는 정치 싸움이었을까요, 활발한 정치 활동이었을까요? 자기 생각을 밝히고, 그 까닭을 쓰세요.

역사 에 비추어 보는 오늘

학습 내용 | 정해진 답은 없습니다. 자기 생각을 자유롭게 쓰세요.

○ '계란으로 바위치기'라는 속담은 깨지기 쉬운 계란으로 단단한 바위를 부수기 어렵다는 뜻입니다. 거대한 힘에게 미약한 힘은 영향을 미칠 수 없음을 비유한 말입니다. 개인이 모여 집단을 만든다면 훨씬 큰 힘을 가질 수 있습니다. 뜻이 같은 사람이 모여 정치권력을 얻을 목적으로 조직한 것을 정당(政黨)이라고 합니다. 소수 정당인 녹색당(綠色黨)을 통해 정당 정치에 대해 생각해 봅시다.

녹색당은 1973년 영국에서 최초로 창당되었습니다. 2016년 현재 세계 90여 개 나라에 녹색당이 있습니다. 우리나라에도 녹색당이 있습니다. 비록 당원이 1만 명에 불과하지만 활발하게 활동하고 있습니다. 목표는 친환경 정책으로 지구를 깨끗하게 만들어 후대에 물려주는 것입니다. 반전, 반핵, 오염 방지 등 안전과 자연보호를 목표로 여러 가지 일을 하고 있습니다.

녹색당
대안의 숲, 전환의 씨앗

• 설립 시기 : 2012년 3월 4일
• 설립 목적 : 생태적 지혜, 사회 정의, 직접·참여·풀뿌리 민주주의, 비폭력 평화, 지속가능성, 다양성 옹호, 지구적 행동과 국제 연대
• 규모 : 당원 10,100명(2018년 6월 기준)
• 주요 활동 : 탈핵 에너지 전환 기본법, 방사능으로부터 안전한 학교 급식 조례, 공장식 축산 반대 운동, 기본소득 당론, 청와대와 국정원을 상대로 한 정보 공개 투쟁, 학교 인조 잔디 금지 제안, 초미세먼지를 없애기 위한 자동차 수요 억제 등

– 녹색당 홈페이지(http://www.kgreens.org/) 참조

아직은 국회의원이 1명도 없고 많은 사람이 참여하는 정당은 아니지만 자신들이 가지고 있는 생각을 이루기 위해 노력하고 있습니다.

✂ **생각열기** 다양한 의견을 주장하는 정당이 많아지면 어떤 점이 좋을지 써 보세요.

02 영·정조 시대, 문화가 꽃피다

역사 연대기

1697년 | 안용복, 울릉도와 독도가 조선 땅임을 확인시킴
1724년 | 영조가 왕위에 오름
1750년 | 균역법을 실시함
1776년 | 정조가 즉위함

학습 목표

❶ 영·정조가 벌인 정책을 파악할 수 있다.
❷ 조선 후기 변화와 서민 문화가 등장한 이유를 이해할 수 있다.
❸ 김홍도와 신윤복을 설명할 수 있다.
❹ 수원 화성을 알 수 있다.

교과 연계

쉬이, 양반 나오신다! 양반이라고 하니까 노론, 소론, 호조, 병조, 옥당을 다 지내고, 삼정승, 육판서를 다 지내고, 퇴로 재상으로 계신 양반인 줄 아지 마시오. 개잘량이라는 '양'자에 개다리 소반이라는 '반'자를 쓰는 양반이 나오신다는 말이오.

◀ **수원 화성**(사적 제3호, 옹성) 조선 후기 성벽으로, 1997년 유네스코 세계 문화 유산으로 등록되었다. 옹성은 반원 형태로 성문을 보호하기 위해 만든 성곽 구조물이다.

탐구 1 ━ 영조가 펼친 정책

숙종을 이은 경종이 일찍 죽자 숙종과 숙빈 최씨 사이에서 태어난 영조가 왕위에 올랐다. 조선 왕가운데 가장 오래 살았으며 재위 기간도 가장 긴 왕이다.

영조는 즉위하자마자 탕평교서를 발표했다. 신하들끼리 편을 갈라 왕권과 나라를 약하게 만든다며 모든 당이 싸우지 않고 정치에 골고루 참여할 수 있도록 탕평책을 실시했다. 노론이 지지해 왕이 되었으나 붕당 사이에서 정치적 균형을 잡기 위해 경종을 지지했던 소론도 등용했다.

탕평책은 싸움이나 시비에서 한쪽에 치우치지 않는다는 '탕탕평평(蕩蕩平平)'에서 나온 말로 인재를 고루 뽑아 정치가 균형을 잡도록 하는 정책이다. 여러 당파 가운데 능력 있는 인물을 골고루 뽑아 여러 개혁 정치를 이루었다. 노론과 소론 사이에서 세력 균형을 조정하며 정치 싸움을 억제하고 나라 안정을 도모했다. 그러자 왕권이 한층 강화되었다.

▲ **탕평비 누각** 성균관대학교 입구 영조 친필이 기록된 탕평비가 있다.

영조는 탕평책을 더욱 강하게 밀고 나가기 위해 성균관 앞에 탕평비를 세워 널리 알렸으며, 붕당을 키우는 뿌리를 제거하기 위해 서원을 대폭 정리했다. 그리고 관리 추천권을 쥐고 있는 이조 전랑 권한도 크게 약화시켰다.

납속책, 공명첩으로 양반이 많아져 세금 부담이 늘어난 농민이 도망을 가거나 스스로 세금과 군역 의무가 없는 노비가 되기도 했다. 과도한 세금을 줄이기 위해 군대를 가는 대신 16개월에 베 2필을 내던 군포를 12개월에 1필만 내도록 하는 균역법을 실시했다. 그리고 부족한 세금을 충당하기 위해 베 1필을 내면 선무군관이라는 명예 관직을 주었고 물고기를 잡는 것에 붙이는 어세, 소금에 붙이는 염세, 배에 붙이는 선박세를 새로 만들었다.

또 《경국대전》이 있었으나 오랜 세월이 흐르면서 발생한 여러 가지 문제점과 시대상을 반영해 《속대전》을 편찬했다. 지나친 형벌이나 악형을 금지했으며, 신문고를 부활하여 백성이 억울한 일을 당하지 않게 노력했다.

 탐구하기 영조가 인재를 고르게 등용하기 위해 실시한 정책은 무엇인가요?

탐구 2 ─ 정조가 펼친 정책

정조는 할아버지 영조를 이어 스물다섯 살에 왕이 되었다. 인재를 골고루 등용시키는 탕평책을 영조로부터 이어받아 정치를 안정시켜 학문을 발전시키고 문화를 더욱 풍성하게 만들었다. 또 정조는 채제공을 정승으로 중용해 강력한 개혁 정책을 밀고 나갔다. 수원 화성을 지을 때 공사 책임을 맡기기도 했다.

정조는 인재를 많이 키워내기 위해 왕실 도서관을 더욱 키워 규장각으로 만들었다. 강화도에 외규장각을 지어서 궁궐 밖에도 도서관을 만

▲ 규장각

들었다. 젊은 문신을 공부시켜 전문 관직에 올리는 초계문신제를 실시해 정약용과 유득공 같은 인재를 등용했다. 또 왕을 돕는 관청인 홍문관, 승정원, 춘추관 등에 더 큰 힘을 주어서 나라를 더욱 튼튼하게 다스렸다.

학문에 뛰어났던 정조는 경연에서 직접 강의도 하고, 학문과 정치에 대한 생각을 글로 써 문집을 남겼는데,《홍재전서》라는 책으로 180권이나 되었다. 학문 발전을 위해서 책을 쉽게 찍어낼 수 있도록 '임진자'를 비롯한 여러 금속 활자를 만들었다. 그 덕분에《속오례의》,《오륜행실》등 수많은 책이 나왔다. 한편 학문 발전뿐만 아니라 법령 정비에도 힘을 써《대전통편》을 간행하였다.

정조는 임금을 지키는 부대인 '장용영'을 만들었다. 장용영을 강한 군대로 만들기 위해 직접 지휘하면서 훈련시켰다. 활을 잘 쏘고 무예도 뛰어났던 정조는《무예도보통지》를 만들었다. 규장각 검서관에 서얼 출신 학자를 등용하기도 했다.

한양에서 상업을 손아귀에 쥐고 있던 시전 상인은 난전을 펼 수 없도록 막는 '금난전권'을 가지고 있었다. 금난전권을 지키기 위해서 독점으로 얻은 이익을 관리에게 뇌물로 주고 많은 비리와 부패를 저지르고 있었다. 상인 몇 명이 상업을 독차지해버리자 물가가 치솟고 백성은 살림이 어려워지면서 나라가 혼란스러웠다. 정조는 상업을 바로잡기 위해서 왕실에서 필요한 물품을 공급하는 육의전을 제외한 시전 상인들에게서 금난전권을 빼앗았다. 누구나 시장에서 장사를 할 수 있는 '신해통공'을 실시했다(1791). 그러자 교역이 활발해지고 상업이 발전했다.

 탐구하기 정조가 개혁 정책을 뒷받침하는 인재를 키우기 위해 설치한 기관은 무엇인가요?

탐구 3 ● 조선 최고 화가, 김홍도와 신윤복

조선 후기로 접어들어 상공업이 발달하고 민중 의식이 높아지면서 문화와 예술에 대한 관심도 크게 높아졌다. 그림에서는 백성이 생활하는 모습을 솔직하게 그린 풍속화가 널리 퍼지기 시작했다.

▲ 김홍도, 〈서당도〉

김홍도는 강세황이 추천해서 스무 살에 도화서 화원이 되었다. 영조 즉위 40년을 축하하는 잔치를 그렸고, 정조 초상화를 그려서 실력을 크게 인정받았다. 그는 사람들이 실제로 생활하는 그림을 그렸는데, 소탈함과 익살이 깃든 서민층 풍속을 다뤘다. 서당에서 공부하는 아이들을 그린 〈서당〉, 씨름하는 사람들을 그린 〈씨름〉, 타작하는 농민을 비롯해 일하는 백성들 모습을 실감나게 그린 〈자리 짜기〉처럼 생동감 있고 해학적으로 그려냈다. 주로 인물 중심으로 그렸으며, 주제를 살리기 위해 배경을 생략했다. 1788년에는 정조가 내린 명을 받아 김응환과 함께 금강산을 여행하며 풍경을 그리기도 했다. 금강산을 그대로 묘사하여 원근법으로 경치를 그렸는데, 먹을 진하게 쓰거나 묽게 쓰는 농담 원리를 이용했다. 또 화성 행궁에서 열린 혜경궁 홍씨 회갑연과 행궁 행차도를 비롯해 많은 의궤도 그렸다.

▲ 신윤복, 〈미인도〉

신윤복은 1758년에 도화서 화원 집안에서 태어났다. 어린 나이에 대를 이어 화원이 되었다고 하나 알려진 것이 거의 없기 때문에 행적을 짐작만 할 뿐이다. 초기 김홍도 영향을 받았으나 스스로 화풍을 개척해 김홍도와 쌍벽을 이루었다. 선이 가늘고 부드러우며 배경을 잘 살려서 주제를 드러냈다. 부드러운 담채 바탕에 빨강, 노랑, 파랑이 가진 산뜻하고 또렷한 원색을 즐겨 사용했다. 〈연소단청〉, 〈주유청강〉, 〈월하정인〉, 〈단오풍정〉 같은 양반들이 한가롭게 노는 모습과 기생, 여자들과 어울리는 모습을 많이 그렸다. 또 〈미인도〉는 아름다운 조선 시대 여인을 표현한 최고 작품으로 평가받고 있다.

탐구하기　김홍도와 신윤복이 일상생활 모습을 그린 그림을 무엇이라고 하나요?

해석 1 ― 조선 후기 사회 변화는 서민 문화를 등장시켰다

조선 후기가 되면서 모판에 벼를 키워 옮겨 심는 모내기법이 널리 보급되었다. 새로운 농사법이 보급되자 김매는 노동력이 줄어 한 사람이 넓은 땅을 경작하는 광작이 가능해졌고 수확량도 늘어났다. 또 벼와 보리를 번갈아 심는 이모작도 가능해져 소득이 늘어났다. 농업 생산량이 늘어나자 상공업 발달로 이어졌다. 전국에 시장에 생겼고, 18세기 후반에는 1,000여 개에 이르렀다.

이를 통해 먹고사는 문제를 해결하고 부자가 된 농민과 상인이 등장했으며, 이들은 문화에 관심을 갖기 시작했다. 구매력이 생긴 서민들을 위해 문화를 생산하는 예술가들도 나오기 시작했다. 즉 경제력이 좋아진 서민층이 예술과 문화에 관심을 갖고 참여하게 되면서 서민 문화가 등장한 것이다.

임진왜란과 병자호란을 겪으면서 땅은 황폐해지고 세금이 제대로 걷히지 않았다. 이에 부족한 재정을 메우려고 나라에서 공명첩이나 납속책을 발행하면서 부유한 농민과 상인이 양반이 되기도 하였다. 또 돈을 주고 족보를 사거나 호적을 위조해 양반 행세를 하는 사람도 생겨났다. 이렇듯 신분제가 흔들리면서 양반 수가 늘어나고, 권위가 떨어진 것도 서민 문화가 등장하는 원인이 되기도 했다.

> • **공명첩** 돈이나 곡식 등을 받고 명예직 벼슬을 주던 임명장으로 이름란이 비어있다.
> • **납속책** 돈이나 곡식을 받고 벼슬을 준 정책이다.

대표적인 서민 문화에는 '한글소설, 민화, 사설시조, 판소리, 탈놀이' 등이 있다. 한글이 널리 쓰이게 되면서 한글 창작이나 구전 소설을 한글로 정리한 작품이 나오기 시작했다. 신분 차별을 주제로 한 《홍길동전》, 착한 사람은 복을 받는다는 《흥부전》, 천민인 기생 딸과 양반이 결혼하고 더 나아가 정경부인까지 된다는 전혀 이루어질 수 없는 이야기를 담은 《춘향전》, 장애인 차별을 비판하고 효도하라는 가르침을 담은 《심청전》 등은 지금보다 나은 삶을 꿈꾸는 마음이 담겼다. 그림에서는 이름 없는 화가나 떠돌이 화가가 그리는 민화가 발달했다. 민화는 꽃이나 까치, 호랑이, 산수, 풍속, 물고기, 각종 물건 등 소재를 가리지 않고 자유롭게 그려 서민이 원하는 여러 가지 소망을 담았다. 또 사설과 창으로 이야기를 풀어가는 판소리, 풍자와 해학이 풍부한 탈놀이는 조정을 풍자하거나 양반을 비웃는 것이 많았다. 대놓고 양반을 비웃을 수는 없었지만 탈놀이 안에서 무시당하고 놀림당하는 양반들 모습을 통해 대리 만족을 느꼈다.

해석하기 조선 후기에 서민 문화가 나타난 까닭은 무엇인가요?

해석 2 ➔ 수원 화성에 담긴 이모저모

수원 화성은 신기술과 개혁 정신이 담긴 위대한 유산이다. 새로운 도시를 만들어 좋은 정치를 하고 싶었던 정조가 아버지 사도 세자 무덤을 수원 화산으로 옮기면서 건설한 도시이기도하다.

신도시 화성 건설은 조선을 지배했던 풍수지리보다는 '도시 기능을 제대로 할 만한 곳인가'를 중요하게 생각했다. 그러나 관청을 옮기고 도로를 만들고 집을 지어 주민을 이주시키는 일은 시간과 비용이 많이 들었다. 정조는 10만 냥이라는 큰돈을 풀어 화성으로 이사하도록 보조해 주고 세금도 면제해주었다. 상인이 와서 장사를 하도록 돈도 빌려주었다. 3년 동안 이자 없이 원금만 갚게 하니 다양한 가게가 생겨났으며, 화성은 최초로 계획된 상업 도시가 되었다.

화성 건설에는 《도서집성》, 《기기도설》이라는 책을 참고해 여러 가지 건설 장비를 만들었다. 이런 첨단 기계 덕분에 공사 기간을 줄이고 공사비를 절약할 수 있어 10년을 계획했던 화성 공사를 2년 8개월 만에 마칠 수 있었다. 특히 거중기 한 대로 30명이 들어 올릴 수 있는 무게를 들어 올렸다. 또 성을 쌓으려면 각 분야에서 뛰어난 기술자가 필요했는데, 벽돌, 지붕, 수레, 톱을 만드는 장인, 미장이, 대장장이, 문고리 만드는 장인 등 22개 분야에 1,860명이나 되는 장인을 비롯해 모두 37만 여명이나 동원되었다.

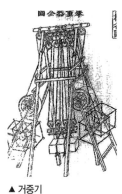
▲ 거중기

▲ 수원 화성

나라에서 하는 공사에 나가 일을 하면 대가 없이 일을 해야 했다. 하지만 화성 건설에 동원된 사람은 품삯을 지급받았다. 사람들은 부지런히 일했고, 그 결과 공사 기간을 크게 줄일 수 있었다. 공사를 감독하던 관리는 일한 날짜를 꼼꼼히 기록해 두었다가 품삯을 주었다. 정조는 화성을 쌓는 동안 일꾼을 위해 여러모로 마음을 기울였다. 여름에는 더위 먹은 기술자에게 약을 보내고 겨울에는 털모자와 무명을 하사였으며, 음식을 내려 격려했다. 이처럼 화성은 정조를 비롯해 채제공과 같은 관리와 정약용처럼 젊은 실학자가 함께 이루어 낸 위대한 문화유산이라 할 수 있다.

> **해석하기** 수원 화성이 계획보다 빨리 완성될 수 있었던 까닭은 무엇인가요?

◉ 수원 화성은 군사 도시일까, 상업 도시일까?

토론 내용 고속도로가 남과 북으로 시원하게 뚫려 사통팔달 교통 요지인 수원, 그곳에는 도시 한 가운데 정조 임금 꿈이 담긴 수원 화성이 있다.

 1. 군사 도시이다.

성벽 일부를 'ㄷ'자 모양으로 튀어나오게 만든 치성, 성문을 감싸 보호하는 옹성, 적군이 성벽을 기어오르지 못하게 기름을 붓기 위해 뚫어놓은 구멍인 현안, 성문에 불이 붙으면 물이 나오는 오성지, 성가퀴들을 만들어 전쟁에 대비했다.

 2. 상업 도시이다.

도시 기능을 제대로 할 만한 곳을 찾았다. 북쪽인 한양에서 남부 지방으로 가는 길과 용인으로 통하는 길을 내고 외곽으로도 통하게 했다. 상업 도시로 만들기 위해 상인에게 이자 없이 돈을 빌려주어 시장을 활성화시켰다.

 3. 그래도 군사 도시이다.

봉화를 올리는 봉돈, 성 주변을 감시하고 적을 공격하는 공심돈, 기계 장치가 달린 활을 쏘는 노대, 적군이 성문에 접근하면 총알과 포탄을 쏘는 적대, 서장대에서는 정조가 직접 군사를 훈련시키기도 했다. 화성은 우수한 방어 시설을 갖추도록 설계되었으며 첨단 기술과 과학 원리를 적용한 군사 도시이다.

 4. 아무리 그래도 상업 도시이다.

수원은 육로와 해로를 통한 교류를 원활하게 할 수 있는 곳이다. 나라에서 돈을 빌려주어 상업을 장려시킨 것을 보면 우리나라 최초로 계획된 상업 도시이다.《화성성역의궤》를 보면 화성 축조에 37만여 명이 참여했고 성을 짓는 비용으로 37만 냥과 백미 1,500석, 석재 20만 1,400덩이, 목재 26만 200주, 기와 53만 장, 벽돌 69만 5,000장이 쓰였다. 인부들에게 일한 만큼 돈을 지불할 수 있었던 힘은 농업과 상업을 장려한 정조 임금이 세운 큰 계획이었다.

토론하기 정조 임금이 만든 수원 화성은 군사 도시일까요, 상업 도시일까요? 자기 생각을 밝히고, 그 까닭을 쓰세요.

학습 내용 | 정해진 답은 없습니다. 자기 생각을 자유롭게 쓰세요.

❍ 다양하게 변화한 오늘날 문화 예술에 대해 생각해 봅시다.

플래시몹(flash mob)은?

　2003년 6월 3일 저녁 미국 뉴욕에 있는 한 백화점 매장에 100명이 넘는 사람이 한꺼번에 몰려들었다. 이들은 '사랑의 러그'를 찾고 있다고 했다. 그러고는 얼마 후 저마다 다른 방향으로 뿔뿔이 흩어져 사라졌다. 이것이 최초 '플래시몹'이었다. 플래시몹은 순간을 의미하는 flash와 군중을 의미하는 mob의 합성어이다. 전혀 모르는 사람들이 정해진 리더 없이 전자우편이나 휴대전화로 연락하여 한꺼번에 모여서 행사나 놀이를 하고 나서 금방 사라지는 군중을 말한다.

　우리나라에서는 2003년 8월 사람들이 강남역 횡단보도에서 "행복하세요.", "건강하세요."를 외친 것이 최초 플래시몹이었다. 두 번째 플래시몹은 9월 20일 오후 7시, 서울 명동 한복판에서 "외계인이다!", "외계인이 출현했다!"라며 20~30명 무리가 일제히 하늘을 가리키고 소리를 지르다 땅바닥으로 쓰러졌고 동시에 손에 쥔 휴대전화에서 알람 소리가 울렸다. 이들은 2분 정도 움직이지 않다가 박수를 치며 벌떡 일어섰고, 환호성을 지른 후 군중 속으로 뿔뿔이 흩어져 사라졌다. 이처럼 놀이처럼 벌이는 플래시몹은 주제와 이슈를 만들어 작품이 되기도 한다. 플래시몹 대회가 열리기도 하는데 춤과 노래를 따라 하며 개인이 가진 생각을 드러내기도 한다.

✂ **생각열기**　**1.** 플래시몹처럼 새로운 문화라고 할 수 있는 것에는 무엇이 있을까요?

2. 새로운 문화가 생겨나는 까닭은 무엇일까요?

03 실학과 대동여지도

학습 목표

❶ 실학을 이해할 수 있다.
❷ 중농학파와 중상학파를 비교할 수 있다.
❸ 정약용, 박지원, 박제가가 주장했던 것을 파악할 수 있다.
❹ 〈대동여지도〉가 지닌 우수성을 알 수 있다.

탐구 1 ▪ 백성을 위한 학문, 실학

　임진왜란과 병자호란을 겪은 뒤 혼란해진 정치를 바로잡고 백성들을 구제하기 위해 이론과 명분에만 매달리는 성리학을 버리고 유교에서 실제 생활에 도움이 되는 분야를 연구하는 학자가 나타났다. 이들을 실학자라고 부르며, 이들이 연구한 학문을 실학이라 한다. 실학자는 중농학파와 중상학파, 국학파로 나뉜다.

　중농학파는 농민이 잘 살아야 나라가 발전하므로 토지 제도를 개혁해야 한다고 주장했다. 유형원, 이익, 정약용 등은 토지를 농민들에게 돌려주어 농민 생활을 안정시켜야 한다고 주장했다. 유형원은 《반계수록》에서 토지 독점을 막기 위해 '토지는 모두 나라 소유로 하며 백성에게 골고루 나누어 주어야 한다.'는 '균전제'를 주장했다. 또 정약용은 농사짓는 땅을 공동으로 가지고 함께 농사를 지어 수확물을 골고루 나눌 것을 주장했다.

▲ 반계서당(전라북도 부안)　반계 유형원(1622~1673)이 공부하면서 《반계수록》을 쓴 곳이다.

　중상학파는 상공업이 발달해야 나라가 발전한다고 주장했다. 홍대용, 박지원, 박제가 등은 청나라에서 선진 문물을 받아들이자고 주장해 '북학파'라고도 했다. 홍대용은 북학파를 이끈 사람으로 기술을 발전시키고, 한 집안이 대대로 권력을 잡는 문벌제도를 없애야 한다고 주장했다. 또 지구 자전설을 주장할 만큼 자연과학에도 밝았다. 박지원은 《양반전》을 비롯한 소설을 통해 위선과 비리를 비판했다. 또 수레와 화폐를 이용해 상업을 발전시키고 소비를 늘림으로써 농업 생산량도 늘릴 수 있다고 주장했다. 박제가는 소비를 늘려야 상업이 발전할 수 있다고 주장하였다.

　국학파는 역사, 국어, 지리 같은 학문을 연구했다. 안정복은 《동사강목》을 통해 고조선부터 고려 말까지 역사를 기록했다. 유득공은 《발해고》에서 신라가 이룩한 삼국 통일은 완전하지 않은 것이며, 신라 북쪽에 발해가 있었으므로 '남북국 시대'라고 주장했다. 유희는 《언문지》에서 훈민정음이 어떻게 만들어졌고 어떻게 써야 하는지 밝혔다. 김정호는 〈대동여지도〉를 통해 우리나라 지형과 지리에 대한 이해를 도왔고, 실생활에 쓰일 수 있도록 했다.

　실학자들 주장은 권력을 잡고 있던 세력이 반대해 국가 정책에는 반영되지 못했지만 학문을 연구하고 어지러운 사회를 바로잡으려는 사람들에게 큰 영향을 주었다.

> 🔍 **탐구하기**　실학이 발생하게 된 배경은 무엇인가요?

살아있는 **역사** · 재미있는 **논술**

28

탐구 2 ─ 실학을 집대성한 정약용

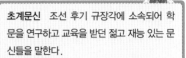
초계문신 조선 후기 규장각에 소속되어 학문을 연구하고 교육을 받던 젊고 재능 있는 문신들을 말한다.

다산 정약용은 남인 집안 출신으로 스물 두 살 되던 해에 생원 시험에 합격하고 정조 앞에서 치른 전시에 합격해 초계문신이 되었다. 한강을 걸어서 건널 수 있는 배다리를 설계했으며 수원 화성을 설계하고 건설했다. 1794년에는 왕으로부터 특명을 받아 암행어사로 활동했고 정삼품 벼슬까지 오르게 되었다. 또 황해도 곡산 부사가 되었을 때 천연두 치료법을 모은 《마과회통》도 저술했다. 그러나 천주교 신자라는 이유로 반대 세력에게 공격을 받았다.

정조가 죽고 순조가 즉위한 뒤 정약용은 경상도 장기와 전라도 강진에서 긴 유배 생활을 했다. 이때 《목민심서》,《경세유표》,《흠흠신서》를 비롯한 책 500여 권을 썼다. 정치하는 사람은 항상 청렴하고 겸손해야 하며 백성을 먼저 생각해야 한다고 주장했다. 또 세금과 토지 제도, 지방 목민관이 지켜야 할 도리 등을 밝혔다. 유배가 풀리고 고향에 돌아와 그동안 저술한 책을 《여유당전서》로 엮었다.

《목민심서》 목민관, 즉 고을 수령이 백성을 통치하면서 지켜야 할 도리를 밝히고 폭정을 비판한 책이다. 관리가 수령으로 임명되어 고을로 부임해 올 때부터 다스리고 떠날 때까지 백성을 위해 실천해야 할 일을 각 조마다 원칙과 규범으로 제시했다.

《경세유표》 국가 제도 전반에 대한 개혁을 주장한 책으로 토지 및 세금 제도 개혁과 민생을 안정시킬 것을 당부했다. 과거 제도를 개혁해서 관직 수행에 필요한 자질을 가진 인재를 신분과 지역을 차별하지 않고 뽑도록 했다.

《흠흠신서》 명나라 《대명률》과 조선 《경국대전》에 나타난 형벌 원리를 정리한 책이다. '흠흠(欽欽)'이란 삼가고 조심하라는 뜻으로 죄수를 신중히 재판하라는 것이다. 형벌은 생명을 다루는 것이므로 가볍게 여겨서는 안 되니 그 임무를 맡은 관리가 주의해야 할 점을 밝혔다.

탐구하기 정약용이 쓴 저서에는 백성을 사랑하는 마음이 잘 나타나 있습니다. 각 저서마다 중심 내용이 무엇인지 써 보세요.

- 목민심서:
- 경세유표:
- 흠흠신서:

탐구 3 ~ 박지원과 박제가

💡 **박지원**　박지원은 노론 명문가에서 태어났다. 정이품 벼슬을 지낸 할아버지는 당쟁을 싫어했고 청렴해 살림이 어려웠다. 박지원도 할아버지 영향을 받아 과거를 포기하고 학문과 저술에만 힘썼다. 《광문자전》을 시작으로 《마장전》, 《예덕선생전》, 《양반전》, 《호질》, 《허생전》 같은 작품을 통해 양반 사회를 비판하고 천시하던 상업에 관심을 가질 것을 주장했다. 권력자보다는 박제가, 유득공, 이덕무와 같은 서얼이나 평민과 어울렸고 실학사상을 세우고 발전시켜 나갔다.

　1780년 친척 형인 박명원이 사신으로 청나라에 갈 때 동행해 북경(北京)과 열하(熱河)를 여행했다. 이때 보고 들은 것을 바탕으로 《열하일기》라는 기행문을 저술했다. 발전한 청나라와 뒤쳐진 조선을 비교하면서 벽돌과 수레를 사용하자는 방법도 제시했다.

💡 **박제가**　박제가는 어릴 때부터 시(詩), 서(書), 화(畫)에 뛰어난 소질을 보였으나 서자 출신이라 벼슬에 나가지 못했다. 이덕무, 유득공, 이서구 등과 함께 낸 시집 《건연집》을 통해 청나라까지 이름을 떨쳤다.

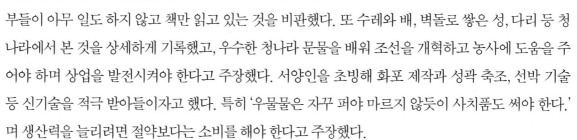

　채제공을 따라 사신으로 간 청나라 북경에서 뛰어난 청나라 문물을 접하고 돌아와 그곳에서 보고 들은 것을 정리해 《북학의》를 썼다. 이 책에서 박제가는 사대부들이 아무 일도 하지 않고 책만 읽고 있는 것을 비판했다. 또 수레와 배, 벽돌로 쌓은 성, 다리 등 청나라에서 본 것을 상세하게 기록했고, 우수한 청나라 문물을 배워 조선을 개혁하고 농사에 도움을 주어야 하며 상업을 발전시켜야 한다고 주장했다. 서양인을 초빙해 화포 제작과 성곽 축조, 선박 기술 등 신기술을 적극 받아들이자고 했다. 특히 '우물물은 자꾸 퍼야 마르지 않듯이 사치품도 써야 한다.'며 생산력을 늘리려면 절약보다는 소비를 해야 한다고 주장했다.

🔵 **1.** 박지원이 지은 소설에서 주장한 것은 무엇인가요?

2. 박제가가 《북학의》에서 주장한 것은 무엇인가요?

해석 1 ⟶ 정약용이 실학 정신을 실천한 '이계심 사건'

정조가 정약용을 황해도 곡산 부사로 임명했을 때 일이다. 곡산 관아에서 군포를 내야하는 백성에게 세금을 정해진 것보다 다섯 배가량 많은 900냥을 거두어들인 사건이 일어났다.

이때 이계심이란 사람이 앞장서 백성 천여 명과 관아에 몰려갔다. 이계심이 잘못을 따지자 곡산 부사는 이계심을 형틀에 매달아 곤장을 치려고 했다. 그러자 백성들이 벌 떼처럼 일어나 이계심을 둘러싸고 소리를 지르며 대신해서 매를 맞겠다고 했다. 아전과 관노가 곤장을 들고 내려치자 이계심은 도망가 숨어버렸다. 곡산 부사는 이 사건을 조정에 민란이 일어났다고 거짓 보고를 올렸다.

이후 정약용이 곡산 부사로 임명되어 부임 인사를 다니자 조정 대신마다 기강을 바로잡기 위해 이계심을 사형시키라고 했다. 정약용이 곡산 땅으로 들어서니 이계심이 호소문을 들고 길을 막았다. 거기에는 '백성을 병들게 하는 12가지 조항'이 있었다.

정약용은 이계심에게 다음과 같이 말하며 무죄 석방을 했다.

> "한 고을에 관이 부패한 이유는 백성이 자기 이익을 따져 폐단을 보고도 관에 항의를 하지 않기 때문이다. 너와 같은 사람은 형벌이나 죽음을 두려워하지 않고 백성이 가진 원통함을 풀어 주었으니 관에서 마땅히 천 냥을 주고서라도 사야 할 사람이다."

이 사건에서 보듯이 정약용은 관리는 백성을 위한 정치를 해야 한다고 했으며, 백성이 잘못된 정치를 비판할 권리를 인정했다. 그리고 목민관이 선정을 베풀지 못하는 것은 백성이 목민관을 비판하지 않기 때문이라고 했다.

정약용은 윗사람이 아랫사람을 보살피는 것이 목민관이 가져야 할 덕목임을 강조한 것이다. 이계심 사건과 그 해결 과정을 통해 정약용이 백성을 사랑하는 정치관을 지녔음을 알 수 있다.

해석하기　**1.** 이계심 사건이 일어나게 된 원인은 무엇인가요?

2. 다른 수령들은 왜 정약용처럼 하지 않았을까요?

해석 2 ⟶ 김정호는 〈대동여지도〉를 왜 만들었을까?

조선 후기 농업과 상공업이 발달하면서 지도를 필요로 하는 사람이 많아졌다. 장사를 하는 사람도 빠르고 정확한 길을 알게 되면 장사에 큰 도움이 되었다. 하지만 지도는 자세하지도 않았고 구하기도 어려웠다. 김정호는 자세하면서도 가지고 다니기 편한 지도를 만들기로 결심했다.

▲ 〈혼일강리역대국도지도〉

지도는 조선 전기에도 만들어졌다. 태종 때 만든 세계 지도 〈혼일강리역대국도지도〉가 있었고, 〈팔도총도〉, 〈동국지도〉 등과 같은 지도도 있었다. 이런 지도를 바탕으로 김정호는 지도 제작 기술을 한데 모아 새롭게 정리하고 다듬어서 더 정교하게 만들었다.

김정호가 지도를 만들 수 있도록 곁에서 도와준 사람도 있었다. 실학자 최한기는 지리책과 지도를 빌려주었고, 병조 판서를 지낸 신헌도 비변사와 규장각에 보관하고 있는 지도를 볼 수 있게 해주었다. 김정호는 여러 자료를 토대로 〈청구도〉를 만들었으나 책으로 되어 있고, 세밀하지 못해서 이용하기가 불편했다. 이에 〈청구도〉를 바탕으로 전국을 다니며 더욱 세밀한 지도를 만들었다. 27년 만에 완성된 이 지도에 〈대동여지도〉라는 이름을 붙였다.

▲ 〈대동여지도〉

〈대동여지도〉는 누구나 사서 쓸 수 있도록 목판에 새겨 대량으로 찍어 냈다. 또 전국을 22조각으로 나누어 필요한 부분만 볼 수 있도록 했고, 병풍처럼 접어서 들고 다니기 편하도록 만들었다.

지도가 널리 퍼지자 장삿길을 다녀야 하는 보부상에게 큰 도움이 되었고, 조선 후기 상업이 발달하는 데 크게 기여했다. 권력을 잡고 있던 흥선 대원군도 크게 칭찬했다. 김정호는 백성을 위한 실학 정신을 지도를 만들어 실천한 것이다.

🖋 **해석하기**   대동여지도가 가진 장점은 무엇일까요?

📍 지도를 널리 사용한 것은 국익에 도움이 되었을까?

토론 내용　김정호는 〈대동여지도〉를 만들기 위해 많은 노력을 했다. 〈대동여지도〉가 만들어지자 지도를 사용하는 사람이 늘어났다. 보부상은 장사하러 다니기 편해졌다며 좋아했고, 홍선 대원군도 크게 칭찬했다고 한다. 하지만 지도가 널리 퍼지면 외적이 쳐들어올 때 좋은 길잡이가 된다며 반대한 사람도 있었다고 한다.

 토론　**1. 국익에 도움이 되지 않는다.**

　지도가 적에게 넘어가면 쳐들어올 때 길을 찾는 좋은 정보가 된다. 백성이 누구나 지도를 가지고 있으면 적에게 넘어가기도 쉽고, 침략을 돕는 수단으로 악용될 수도 있다.

 토론　**2. 아니다. 도움이 된다.**

　병조 판서인 신헌이 비변사에 있는 지도책을 김정호에게 빌려준 것을 보면 나라에서 지도를 만들어 널리 퍼트리려는 의지가 있었음을 알 수 있다. 지도가 국익에 도움이 되기 때문이다.

 토론　**3. 그래도 도움이 되지 않는다.**

　지금도 발전소나 군부대, 청와대 그리고 휴전선 둘레 등은 인터넷에서 지도 검색이 되지 않는다. 국가 기밀로 관리되는 곳이기 때문이다. 지도가 우리 생활에 큰 도움을 주기는 하지만 많은 정보가 담겨있기 때문에 널리 퍼지면 기밀 사항이 알려질 수도 있어 국익에 도움이 되지 않는다.

 토론　**4. 아무리 그래도 도움이 된다.**

　지도가 널리 보급되어 국가 인프라(생산이나 생활의 기반을 형성하는 주요 구조물)가 만들어지고, 상업이 더욱 발달하는 계기가 되었다. 지도를 통해 거리를 가늠하고 먼 지역까지 교류가 확대되면서 나라 전체가 더욱 잘 살게 되었다.

토론하기　지도가 널리 퍼지고 많은 사람이 사용하는 것은 국익에 도움이 될까요? 자기 생각을 밝히고, 그 까닭을 쓰세요.

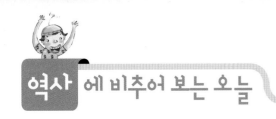

학습 내용 | 정해진 답은 없습니다. 자기 생각을 자유롭게 쓰세요.

❍ 조선 후기 실학은 조선을 바꾸어 보려는 자체적인 변화였습니다. 새로운 학문은 우리를 끊임없이 변화시킵니다. 20세기 중반에는 영어, 지금은 또 중국어뿐만 아니라 다양한 외국어를 배워야 한다고 합니다. 이렇게 변화하는 시대 모습에 대해 생각해 봅시다.

영어는 세계에서 가장 영향력 있는 공용어로 사용된다. 하지만 요즘은 영어는 기본이고 중국어, 스페인어, 프랑스어 등 다양한 외국어를 배우려는 사람이 늘고 있다. 실제로 여러 나라도 영어뿐만 아니라 다국어에 대한 관심이 높아져가고 있는 것이 사실이다. 최근 기업 채용 정보에 등록된 외국어 우대 항목을 살펴본 결과, 영어·일어·중국어는 줄어든 대신 프랑스어·러시아어·독일어 등은 증가했다고 한다. 그중에서도 프랑스어는 유럽 귀족 언어로 추앙 받으며 한국에서 또한 열풍을 일으키고 있다. 이렇게 제2외국어로 프랑스어가 각광받는 이유는 파리가 세계 문화 중심지인 동시에 외교, 문학, 예술, 건축, 음악, 패션, 무역, 관광 등 이 분야 종사자에게는 프랑스어가 유용한 언어가 되어가고 있기 때문이다. 또 이렇게 제2외국어에 관심을 갖고 배우려는 열풍은 해외 사업장에서 근무하는 현지인 출신 직원과 의사소통을 원활히 하기 위해서라고 한다.

전 세계적으로 외국어를 배우려는 열풍이 불고 있는 가운데 우리나라도 예외는 아니다. 다양한 외국어를 채택한 고등학교와 중학교는 계속 늘어나고 있고 초등학생은 사교육을 통해서 외국어를 배우고 있다. 일부 유치원에서도 중국어 교실을 열고 있으며 유창한 중국어를 위해 일부러 화교 학교에 자녀를 입학시키는 경우도 늘고 있다. 여기에 중국으로 공부를 하러 떠나는 경우도 늘어나고 있다. 정부에 따르면 조기 유학생 3만여 명 중 약 20%인 6천여 명이 중국으로 이민 또는 조기 유학을 갔다고 한다.

✂ **생각열기** 외국어를 배우려는 열풍 때문에 아이는 학습 부담이, 부모는 사교육비 부담이 늘어나는 부작용이 생겼다는 주장과 외국어는 어릴 때 학습해야 평생 몸에 밴다는 의견이 맞서고 있는 것에 대한 자기 생각을 밝히고, 그 까닭을 써 보세요.

04 세도 정치와 농민 봉기

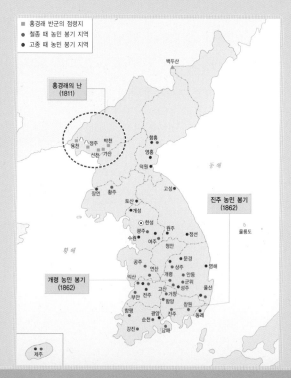

◀ 19세기에 일어난 농민 봉기

탐구 1 ─ 세도 정치

세도 정치를 처음 펼친 사람은 정조 때 홍국영이었다. 원래 세도 정치란 '사회를 교화시켜 세상을 올바르게 다스리는 도리'라는 뜻이었으나 신하나 외척이 강력한 권력을 잡고 정치를 독점한 것으로 변질되었다.

> **계비** 임금이 다시 장가를 가서 맞은 아내를 말한다.

정조가 죽은 뒤 순조가 11살에 왕위에 오르자, 영조 계비였던 정순 왕후가 수렴청정을 했다. 정순 왕후는 규장각 역할을 줄이고 장용영도 없앴다. 또 노론을 중요한 관직에 앉혔고 남인을 몰아내기 위해 천주교를 핑계로 탄압했다.

이후 왕권은 약해졌고, 정순 왕후가 수렴청정을 끝낸 뒤에는 순조 장인인 안동 김씨 김조순이 권력을 잡았다. 순조부터 헌종과 철종까지 3대에 걸쳐 안동 김씨와 풍양 조씨 등이 60여 년 동안 권력을 잡았다. 의정부와 6조는 제대로 역할을 하지 못했고, 비변사에서 모든 나라 일을 처리했다. 비변사 우두머리는 세도 가문 사람이 차지했다.

과거 시험도 실력보다는 집안이나 돈으로 합격을 결정했고 돈을 받고 관직을 사고파는 매관매직(賣官賣職)이 성행했다. 관직을 돈으로 산 관리는 조세 제도를 악용해 백성을 수탈했다. 백성은 삶이 피폐해졌고, 국가 재정도 무너졌다. 살기가 어려워진 농민은 고향을 버리고 떠돌아다녔고, 도적이 되거나 국경을 넘어 만주로 도망치기도 했다.

헌종, 철종으로 임금이 바뀌면서 권력은 안동 김씨에서 풍양 조씨, 다시 안동 김씨로 바뀌었다. 나라 정치가 혼란해진 데다가 홍수와 흉년, 전염병까지 돌면서 살기 어려워진 백성은 점점 더 큰 목소리를 내기 시작했고 홍경래를 시작으로 전국 곳곳에서 들고 일어났다.

▲ 세도 정치 전개

> 🔍 **탐구하기** 순조, 헌종, 철종 3대 60여 년간 특정 집안이 권력을 독점하고 나라를 좌지우지한 정치 형태는 무엇인가요?

탐구 2 ☞ 홍경래의 난

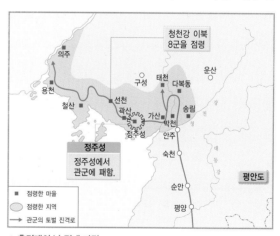

평안도는 청나라로 오가는 길목이어서 상업이 발달했고 광산도 많이 개발되었다. 그러나 평안도 사람은 과거에 합격하기 어려웠고, 합격해도 관리로 뽑히지 않는 등 많은 차별을 당했다. 평안도에 부임해온 관리는 상인과 광산업자에게 돈을 뜯어내는 데에만 관심을 두었다.

평안도 사람으로 몰락한 양반 가문에서 태어난 홍경래는 여러 번 과거를 보았으나 번번이 낙방했다. 자신보다 실력이 떨어지는 사람들이 출신 지역이 좋아 합격하는 것을 보고 과거를 포기해버렸다. 묏자리나 집 지을 자리를 봐주는 풍수쟁이가 되어 떠돌아다녔다. 그러다가 노비 출신이지만 돈을 많이 벌어 양반이 된 우군칙을 만나 뜻을 모으고 현실을 개혁하려는 생각을 키워나갔다.

홍경래는 몰락한 양반과 사회에 불만을 품은 사람을 모았다. 가산 다복동에 광산을 개발한다며 노동자와 농민, 유랑민을 모아 군사로 훈련시켰다. 또 임상옥 같은 큰 상인에게는 자금을 지원받았다. 큰 부자였던 이희저, 소작농이었던 홍총각, 진사 출신인 김창시, 향리 출신인 김사용 등 신분은 달랐지만 뜻을 같이한 사람들이 10년 동안 준비한 끝에 봉기했다.

1811년 봉기군 천여 명이 남북으로 군대를 나누어 남군은 가산과 박천 등을 점령했고, 북군은 선천, 철산, 용천, 곽산 등을 점령했다. 봉기군은 창고를 열어 식량과 돈을 백성에게 나누어 주었다. 그러나 남군은 송림에서 벌인 전투에서 관군에게 패했다. 의주를 향해 진격하던 북군도 관군에게 가로막혀 큰 패배를 당하고 말았다.

▲ 홍경래의 난 전개 과정

관군에게 밀린 봉기군은 정주성으로 들어갔다. 정주성을 포위한 관군이 계속 공격을 퍼부었으나 4개월 동안 무너지지 않았다. 식량과 무기가 떨어지자 어린이와 여자를 밖으로 내보내며 끝까지 저항했다. 결국 폭탄을 설치해 성벽을 무너뜨린 관군이 성을 점령했다. 이때 1,917명이 처형당했다.

 탐구하기 홍경래의 난이 일어난 배경은 무엇인가요?

탐구3 ── 삼정 문란과 임술 농민 봉기

세도 정치 기간 동안 백성은 더욱더 고달파졌다. 삼정은 토지세인 전정과 군포를 내는 군정, 나라에서 곡식을 빌려주는 환곡을 말한다. 나라에 내는 세금은 항목과 금액이 정해져 있었는데, 관리들은 새로운 항목을 만들어 더 거두어들였다.

전정 문란은 경작하지 않는 땅이나 토지 대장에 없는 땅에 세금을 매기거나 정해진 금액보다 많이 거둔 것이었다. 군정 문란은 군대를 가는 대신 내는 군포를 죽은 사람에게도 거두거나, 내지 않아도 되는 어린아이나 노인까지도 내게 한 것이었

전정	진결 징세	경작하지 않는 땅에 징세
	은결 징세	토지 대장에 없는 땅에 징세
	도결 징세	정액 이상으로 징세
군정	황구첨정	어린아이에 징세
	백골징포	사망자에 징세
	족징, 인징	도망자 것을 친척, 이웃에게 징세
	강년채	60세 이상 노인도 징세
환곡	늑대	강제로 빌려줌
	분석	겨를 섞어 늘림
	반작	출납을 허위로 작성함
	가분	비상용 곡식을 내어 빌려줌

▲ 삼정 문란

다. 마을 사람이 도망을 가면 그 이웃이나 친척에게 내도록 했다. 환곡은 봄에 관청에서 곡식을 빌려주고 가을에 이자를 붙여 거두어들이는 것인데, 강제로 빌려주고 비싼 이자를 갚게 하거나, 허위로 문서를 꾸며 갚게 했다. 쌀에다 겨를 섞어 빌려준 다음 갚을 때는 좋은 쌀로 갚게 했다. 참다못한 농민이 들고 일어났다. 극심한 부정부패로 나라가 위기에 빠졌고, 1862년인 임술년에는 진주 농민 봉기를 시작으로 전국에서 봉기가 일어났다. 이를 임술 농민 봉기라고 한다.

진주 농민 봉기는 경상우병사 백낙신이 저지른 폭정과 착취에 맞서 몰락 양반 유계춘을 중심으로 농민들이 진주성을 점령한 사건이다. 백낙신을 잡아 세금을 과도하게 거두어들여 빼돌린 죄를 묻고, 하급 관리를 처단했다. 또 부당하게 재물을 모은 부자에게서 재산을 빼앗았다. 진주 농민들은 자진 해산했으나 그 뒤로 제주를 비롯한 전국에서 무려 37차례에 걸쳐 난이 일어났다.

• 안핵사 조선 후기 지방에서 사건이 발생했을 때 처리를 하기 위해 파견한 임시직
• 삼정이정청 삼정의 폐단을 고치기 위해 임시로 만든 관청

농민들은 수탈을 멈추고 삼정을 개혁할 것을 요구했다. 조정에서는 긴급 대책으로 안핵사를 파견해 난을 수습했고, 봉기 지역 수령은 파직시켰다. 또 '삼정이정청'을 설치해 사태를 파악하고, 환곡을 폐지하는 등 개혁안을 만들었다. 하지만 얼마 지나지 않아 개혁안은 폐지되었고, 부정부패로 처벌 받았던 탐관오리도 모두 풀려났다. 뒤에도 창원, 황주, 남해 등지에서 농민 봉기가 끊임없이 이어졌다.

🔍 탐구하기 임술 농민 봉기가 일어나자 조정에서는 어떻게 했나요?

해석 1 ● 홍경래의 난은 왜 실패했을까?

홍경래의 난이 일어난 까닭은 다음과 같다.

💡 **첫째, 평안도를 비롯한 서북 지역에 대한 차별 정책 때문이다.**

평안도를 비롯한 서북 지역 사람은 양 난 같이 나라에 변란이 일어나면 전쟁에 나가야 하고 부역도 많이 했지만 관리가 되는 길은 열어주지 않았다. 이런 차별은 조선 후기로 갈수록 점점 더 심해졌다.

💡 **둘째, 세도 정치 때문이다.**

세도 정치가 시작되면서 개혁 정책은 폐지되었고, 관직을 사고파는 매관매직(賣官賣職)이 성행하며 부당하게 돈을 끌어 모으는 것을 일삼는 관리가 나라를 혼란스럽게 만들었다.

💡 **셋째, 무거운 세금과 관리들이 부리는 횡포 때문이다.**

1810년 함경도 일대에 큰 흉년이 들었는데도 세금을 줄여주지 않고 오히려 관리들이 한양 상인과 결탁해 곡식 가격을 높이는 등 자기 이익만 챙겼다.

이렇게 여러 문제를 내세운 홍경래는 평안도 농민뿐만 아니라 수령까지도 봉기에 함께 할 것을 호소했다. 하지만 농민 봉기는 대부분 갑작스럽게 일어난 것에 비해 홍경래의 난은 10여 년에 걸친 치밀한 준비를 하였음에도 실패하고 말았다. 그 까닭은 무엇일까?

💡 **첫째, 평안도 문제만을 내세워 다른 지역에서 지지를 얻지 못했다.**

모든 백성이 세도 정치로 고통 받고 있었으나 서북 지방 차별 문제만을 내세워 평안도 사람한테는 큰 지지를 얻었다. 그러나 다른 지역에서는 도리어 반감을 사게 되었다.

💡 **둘째, 군대를 나누어 힘을 분산시켰기 때문이다.**

오랜 기간 동안 훈련을 한 군대라고 해도 정규군은 아니었으며, 군인 수도 많지 않았다. 그런데 북군과 남군으로 나누는 바람에 힘이 집중되지 않아 관군이 반격할 시간을 주었다.

💡 **셋째, 현실에 맞는 대책을 내놓지 못했기 때문이다.**

예언서인 《정감록》에서 말하는 진인(眞人)이 나타나 세상을 구할 것이라는 허무맹랑한 주장을 내세워 토지 개혁이나 세금 제도 개혁 같은 필요한 대책을 내놓지 못했다.

▶ **해석하기** 홍경래의 난이 실패한 까닭은 무엇인가요?

역사 해석

해석 2 ━ 철종 때 농민 봉기가 크게 일어난 까닭은 무엇일까?

《목민심서》와 《조선왕조실록》을 보면 철종 때 농민 봉기가 많이 일어난 까닭을 짐작할 수 있다.

◉ 다산 정약용, 《목민심서》 중에서

　가을에 한 늙은 아전이 대궐에서 돌아와 처와 자식에게, "요즘 이름 있는 관리들이 모여서 하루 종일 이야기를 해도 나랏일에 대한 계획이나 백성을 위한 걱정은 전혀 하지 않는다. 오로지 각 고을에서 보내오는 뇌물이 많고 적음과 좋고 나쁨에만 관심을 가지고 어느 수령이 보낸 물건은 극히 정묘하고, 또 어느 수령이 보낸 물건은 매우 넉넉하다고 말한다. 이름 있는 관리들이 말하는 것이 이러하다면 지방에서 거둬들이는 것이 반드시 늘어날 것이다. 나라가 어찌 망하지 않겠는가?" 하고 한탄하면서 눈물을 흘려 마지않았다.

◉ 《조선왕조실록》 철종 13년 임술(1862) 4월 4일

　경상도 안핵사 박규수가 조사하고 올리기를, "금번 진주 난민들이 소동을 일으킨 것은 오로지 전 우병사 백낙신이 탐욕을 부린 까닭으로 연유한 것이었습니다. 관리들이 불법으로 빼돌린 군포나 환곡 등 6만 냥이나 되는 돈을 백성들에게 배정해 강제로 걷으려 했기에 여러 사람이 일제히 폭발해서 전에 듣지 못하던 변란이 돌출하기에 이른 것이었습니다."

- 저자 역주

　철종 때 농민 봉기가 많이 일어난 까닭은 첫째, 부정과 비리를 저지르는 탐관오리와 수탈을 일삼는 지주에 대해 많은 백성이 개혁을 요구했으나 제도를 고치는 시늉만 하는 조정을 보고 백성이 절망했기 때문이다. 정약용이 《목민심서》에서 지적한 문제가 시간이 지나도 해결되지 않았다. 둘째, 농업 기술이 발달하면서 생산력이 크게 늘어났고, 큰 상인이 많아졌다. 농사나 장사로 많은 돈을 모은 사람이 양반 신분을 사기도 하고 관직을 사기도 하면서 양반이 급속하게 늘어났다. 19세기 대구 지방에는 60%가 넘는 사람이 양반 신분이었다고 한다. 얼마 남지 않은 농민이 세금을 부담하게 되자 고통이 점점 커졌기 때문이다. 셋째, 양반을 풍자하거나 사회 모순을 비판하는 한글 소설과 판소리 등이 유행해 민중 의식이 높아졌다. 의식 수준이 높아진 백성들은 지배 계층이 벌이는 수탈에 그저 당하고만 있지 않고 적극 대항했기 때문이다.

✎ 해석하기　철종 때 농민 봉기가 크게 일어났던 까닭은 무엇인가요?

농민들이 들고 일어난 것은 정당한 행동이었을까?

[토론 내용] 조선 후기에는 정치, 경제 등 나라 전체가 어려움을 겪고 있었다. 이런 때 농민들이 나라에 불만을 가지고 무장하고 뜻을 내세운 것은 정당한 행동이었을까?

 1. 정당하지 않은 행동이었다.

불만이 있거나 어려움이 있으면 평화로운 방법으로 나라에 요구해야 한다. 무기를 들고 난을 일으키는 것은 나라를 흔들어 세상을 어지럽게 만드는 것이다. 백성들이 들고 일어나자 나라가 더욱 혼란에 빠졌다.

 2. 나라를 바로잡으려는 저항이었다.

처음부터 백성들이 들고 일어났던 것은 아니다. 탐관오리가 벌이는 포학하고 잔혹한 정치를 바로잡아 달라고 요청하기도 했고, 비리를 폭로하기도 했지만 전혀 해결되지 않았다. 참다못해 어쩔 수 없이 들고 일어난 것이다.

 3. 그래도 정당하지 않은 행동이었다.

진주 농민 봉기로 부서진 집이 126호, 재산과 양곡을 빼앗긴 집은 78호에 달하며 총 피해액은 10만 냥이나 되었다. 정당한 뜻을 내세우는 것이라 해도 막대한 재산 피해를 낸 것은 나라에 손해를 입힌 것이다. 어쩔 수 없었다 해도 폭력을 쓴 것은 나라를 어지럽힌 일이다.

 4. 아무리 그래도 나라를 바로잡으려는 정당한 저항이었다.

정부는 '삼정 개혁안'을 내놓았지만 농민을 위한 것이 아니었다. 탐관오리를 처벌하는 시늉만 했고 개혁도 이루어지지 않았다. 나라에서 봉기가 일어나도록 만든 것이다. 이때 저항하지 않았다면 관리는 더욱 부패하고 나라도 더욱 어지러워졌을 것이다.

[토론하기] 농민 봉기는 정당한 행동이었을까요? 정당하지 않은 행동이었을까요? 자기 생각을 밝히고, 그 까닭을 쓰세요.

◆ 노동자 파업은 법에서 보장하고 있습니다. 그러나 파업 때문에 다른 사람들이 불편을 겪기도 합니다. 노동자 파업에 대해 생각해 봅시다.

우리나라는 노동법을 정해 임금과 노동 시간 기준을 지키도록 하고 있습니다. 노동자와 회사는 이 기준에 따라 근로 계약을 맺고 있습니다.

노동자에게는 단결권, 단체 교섭권, 단체 행동권인 노동3권이 있는데, 노동자가 단결해 함께 교섭하고 단체 행동을 할 수 있도록 정해두었습니다.

파업이란 노동자가 회사에 맞서 업무를 일시 중단하는 집단행동을 말합니다. 일할 수 있는 환경이나 계약 조건을 회사가 지키지 않을 때 파업으로 부당한 대우에 맞설 수 있습니다. 하지만 파업이 많을수록 경제 손실과 더불어 불편할 수 있습니다. 예를 들어 대중교통이나 쓰레기 수거 등에 종사하는 노동자가 파업을 하면 생활하는 데 불편을 줍니다.

정부가 질서를 잡는다며 경찰을 동원해 노동자를 잡아가고 파업을 강제로 중단시키기도 합니다. 또 사람들은 파업하는 노동자를 비난하기도 합니다.

하지만 노동자가 파업을 할 때는 왜 파업을 하는지를 잘 살펴봐야 합니다. 철도 노조는 이윤만 추구하는 민간 기업에게 철도가 넘어가는 것을 막기 위해, 어떤 자동차 회사는 회사가 외국에 팔리고 노동자가 강제로 쫓겨나자 파업을 했습니다. 신문이나 방송 기자는 바른 기사를 쓰고 싶다며 파업을 했고, 대학교에서 일하는 청소 노동자는 일하는 환경을 바꾸어 달라며 파업을 했습니다.

파업으로 인해 불편을 겪는 것에 짜증을 내거나 비난을 하는 경우도 있었으나 청소 노동자가 벌인 파업으로 불편을 겪는 학생들이 지지 선언을 하고 도움을 주는 등 많은 사람이 파업 노동자를 지지하고 도왔습니다.

파업이 당장은 불편하지만 노동 환경이 좋아지면 제품과 서비스 질이 올라갈 수 있고 더 안전한 세상이 될 수 있기 때문입니다. 또 언론이 외부 압력 없이 올바른 기사를 쓰면 진실을 알 수 있다는 것을 믿기 때문입니다.

✂ **생각열기** 　 노동자가 파업을 하는 것이 아무리 정당하다고 해도 우리가 불편을 겪기도 합니다.

파업에 대한 자기 생각을 밝히고, 그 까닭을 써 보세요.

이기 때문이다.

05 서학과 동학

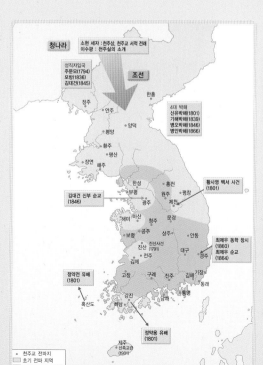

▼ 서학과 동학 전파 지역

▲ 전봉준 고택과 동상

탐구 1 ─ 서학 전래

　서학이라고 불리던 천주교가 우리나라에 처음 알려진 것은 임진왜란 무렵이다. 일본군 대장 고니시 유키나가가 천주교 신자 군사를 위해 포르투갈인 신부를 데리고 왔다. 이 신부는 우리나라에 처음으로 온 천주교 신부였으나 일본군을 위해 일했고, 조선 사람은 그런 종교가 있다는 것을 알았을 뿐이다.

　서학이 조선에 전래되기 시작한 것은 17세기 초부터였다. 사신으로 오간 지식인들이 중국 문물을 접하고 수입했는데, 서학 역시 이런 방식으로 알려지기 시작했다. 명나라를 다녀온 이수광은 《지봉유설》에 천주교 교리책인 《천주실의》를 소개하기도 했다.

　청나라에 끌려갔던 소현 세자가 북경에서 독일인 신부 아담 샬과 친분을 맺고 천주교와 서양 과학 기술을 배웠다. 그리고 귀국하면서 천리경과 자명종을 비롯한 서양 문물과 천주상을 가지고 왔다.

　서인에게 정권을 빼앗기고 정치에서 밀려난 남인도 새로운 학문으로 천주학을 연구하고 받아들였다. 이들은 천주학을 서양에서 들어온 학문이라고 하여 '서학'이라고 불렀다. 1777년(정조 2)에 남인 학자들이 모여서 서학을 연구하는 모임을 만들었다. 이승훈, 정약전, 이가환, 권철신, 이벽 등이 경기도 광주에 있는 천진암에 모여 서학을 공부했다. 서학을 공부하면서 '천주교'라는 종교로 받아들였다. 다른 나라 천주교는 선교사 전도로 시작되었으나, 전도 없이 퍼진 것은 우리나라가 처음이다.

　사신인 아버지를 따라 북경에 간 이승훈은 교리를 공부한 다음 그라몽 신부에게 세례를 받아 우리나라 첫 세례자가 되었다. 세례명은 베드로였다. 조선으로 돌아온 이승훈은 전도를 시작했고, 김범우 집에 천주교 교회를 차렸다. 하지만 이 사실이 알려져 김범우는 체포되었고, 고문 후유증으로 유배지에서 숨을 거두었다. 우리나라 첫 순교자인 김범우를 기려 집터에 세운 예배당이 명동 성당이다. 또 전라도 진산에 사는 양반 윤지충이 어머니 제사를 거부하고 천주교 방식으로 장례를 치른 진산 사건이 일어났다. 이 사실이 조정에 알려져 윤지충은 사촌 권상연과 함께 전주성 풍남문 앞에서 처형당했다. 이 자리에 세운 예배당이 전주 전동 성당이다.

▲ 명동 성당

> **탐구하기** 천주교가 '서학'이라는 이름으로 알려진 까닭은 무엇인가요?

탐구 2 ─ 천주교 박해

어린 순조가 즉위해 정순 왕후가 수렴청정을 하면서 천주교는 심한 탄압을 받기 시작했다.

신유박해 1801년 정순 왕후가 내린 금교령으로 많은 천주교 신자가 목숨을 잃었다. 이가환, 이승훈, 정약종, 권철신 등 남인과 청나라에서 온 주문모 신부 등 수많은 천주교도가 용산 새남터에서 처형당했다.

황사영은 주문모 신부로부터 세례를 받고 전도에 힘쓰다가, 천주교 신자를 심하게 탄압하자 충북 제천에 있는 배론으로 피신했다. 1801년 9월, 천주교가 탄압받는 실상을 북경 교회 주교에게 알리기 위해 편지를 썼다. 흰 비단에 신유박해 과정을 적고, 청나라 황제가 명령을 내려 천주교를 마음 놓고 믿을 수 있게 해달라는 내용이었다. 하지만 중간에 발각되어 편지는 북경에 보내지 못했고, 황사영을 비롯한 천주교 신자가 붙잡혀 처형되었다. 이를 '황사영 백서 사건'이라고 한다.

기해박해 시간이 흐르자 천주교 세력은 다시 커졌고, 1831년 로마 교황청은 조선 교회를 북경 교구에서 분리시킨다고 발표했다. 신자들이 신부를 보내달라고 호소하는 편지를 로마 교황청에 보내어 실현된 것이다. 그러나 1839년 조선에 들어와 있던 프랑스인 모방 신부, 샤스탕 신부, 앵베르 주교를 비롯한 많은 천주교 신자가 순교했다.

병오박해 계속되는 천주교 박해에도 1845년 김대건이 우리나라 최초로 신부가 되어 청나라에서 돌아왔다. 그는 14세 때 신부가 되기 위해 청나라로 갔으며, 마카오에 있는 신학교에서 신학과 프랑스어, 라틴어를 배웠다. 김대건은 천주교를 일으켜 세우는 데 온 힘을 기울였지만 돌아온 지 1년도 안되어 붙잡혔고 26살 나이로 새남터에서 처형당했다.

병인박해 1866년 흥선 대원군은 프랑스 신부 9명과 8천여 명에 이르는 천주교 신자를 절두산에서 처형했다. 그러자 프랑스군이 복수를 한다는 핑계로 강화도로 쳐들어 와 병인양요를 일으켰다. 천주교가 공인된 것은 1886년 프랑스와 통상 조약을 맺은 이후부터이다.

▲ 절두산 성지

 천주교 신자가 심한 탄압을 받고 순교한 4대 박해를 써 보세요.

탐구 3 ▸ 동학

19세기 안동 김씨와 풍양 조씨 등 외척에 의한 세도 정치가 이어지면서 백성은 살기가 더욱 힘들어졌다. 평안도에서 홍경래가 들고 일어난 것을 시작으로 전국에서 농민 봉기가 일어났다.

백성들이 믿고 따르던 유교와 불교마저 부패해 마음을 위로해주지 못했다. 종교가 백성을 가르치고 이끌어 줄 수 있는 능력을 잃어버렸다. 게다가 천주교가 전래되고 서양 세력도 들어와 나라가 위기라고 여길 때 새로운 종교, 동학이 태어났다.

동학은 1860년 몰락한 양반인 최제우가 유교, 불교, 도교를 바탕으로 서학에 대항해 만든 종교이다. '사람이 곧 하늘이다.'는 인내천(人乃天) 사상과 '하늘이 열리고 세상이 바뀌어 새로운 시대가 온다.'는 후천개벽(後天開闢) 사상을 내세웠다. 누구나 자기 속에 한울님을 모신 귀한 존재라고 하며 평등사상을 퍼트렸다. 평민도 나랏일을 도울 수 있고 백성을 편안하게 할 수 있는 자리로 오를 수 있다고 했다.

동학 교세가 날로 커지자 이를 본 조정은 동학을 홍경래나 농민 봉기 세력처럼 반란을 일으키려는 무리로 생각했다. 나라에서 금지하던 천주교와 비슷한 것으로 판단하고 교주 최제우를 체포했다. 그리고 백성을 올바르지 않은 길로 인도하고 나라를 어지럽힌다는 '사도난정(邪道亂政)'이라는 죄목으로 처형했다. 그가 내세운 민족 자주, 인간 존중, 만민 평등 같은 사상은 나날이 번창해 동학 농민 운동에서 3·1 만세 운동에 이르는 민족 운동 정신을 뒷받침하는 줄기가 되었다.

2대 교주인 최시형이 교리와 교단을 정비해 전국으로 널리 퍼져나갔다. 3대 교주 손병희는 천도교로 이름을 바꾸었다.

동학 교리를 한문체로 엮은 《동경대전》은 오늘날까지 천도교 경전으로 전해지고 있으며, 특히 한글가사로 쓴 《용담유사》는 국문학 역사에서도 사상 표현과 역사 예언을 담은 도참 문학으로 높이 평가받고 있다.

> ○ 탐구하기   **1.** 경주 출신 몰락 양반으로 1860년에 동학을 창시한 사람은 누구인가요?
>
> ────────────────────────────────
>
> **2.** 동학이 내세운 <u>두 가지</u> 대표 사상을 쓰시오.
>
> ────────────────────────────────

해석 1 ─ 천주교는 왜 탄압받았을까?

천주교는 우리나라에 들어와 백 여 년 동안 혹독한 박해를 받았다. 그 까닭은 무엇일까?

첫째, 평등사상 때문이다.

임금에 충성하고 신분을 중요하게 여기는 조선 사회에 천주교는 커다란 충격을 주었다. 천주교는 임금도, 양반도, 평민도 모두 하느님 아들이라고 했고, 여성도 남성과 평등하다고 여겨 남녀가 함께 어울려 예배를 보았다. 평등사상 덕분에 많은 사람이 신자가 되었지만 양반과 상민, 남성과 여성이라는 신분 구분이 무너지면 나라가 망한다고 생각한 양반들은 결코 받아들일 수 없는 종교였다.

둘째, 제사를 거부했기 때문이다.

천주교는 유일신 사상으로 조상신을 모시고 제사 지내는 것을 우상 숭배라고 하며 거부했다. 효를 모든 덕목 가운데 으뜸으로 삼고 있던 조선에서 제사를 지내지 않는다는 것은 절대 용납할 수 없는 문제였다. 천주교는 사람으로서 가지는 기본 도리와 풍속을 해치는 종교라고 생각했다.

셋째, 반대 세력을 몰아내는 데에 이용되었기 때문이다.

영조 계비인 정순 왕후는 '사도 세자를 죽이자'고 했던 노론 편이었다. 그런데 천주교 신자들은 사도 세자가 죽은 것을 동정하고, 아들인 정조를 따랐던 남인이 대부분이었다. 정순 왕후 친척인 외척 세력은 신유박해로 반대파를 없애고 조정을 마음대로 움직였다. 천주교를 믿는다는 것을 빌미로 남인을 몰아낸 것이다.

그밖에도 부패한 관리는 천주교 신자에게서 재산을 빼앗기 위해 자기 마음대로 잡아 가두고 탄압했다. 범죄자 취급을 받는 천주교 신자가 집안에 생겨 가문 전체가 화를 입을까 두려워하는 사람이 많아졌다. 천주교 신자는 나라에서도 박해를 받고 둘레 사람에게도 환영을 받지 못했다.

해석하기 천주교가 우리나라에 들어와 혹독하게 탄압받은 까닭은 무엇인가요?

해석 2 ─ 서학과 동학이 가지는 공통점과 차이점

'서학'은 청나라를 통해 우리나라에 전래된 서양 종교인 천주교로 로마 가톨릭교를 한국식으로 부르는 이름이다. 처음에는 이승훈, 이가환, 정약용 등 실학자들이 학문으로 받아들였고, 점차 민간으로 퍼져나가 종교로 자리 잡았다. 천주교가 내세운 평등사상은 상민과 부녀자에게 큰 호응을 얻었다. 하지만 천주교가 평등사상을 내세우고 조상님께 지내는 제사를 우상 숭배라며 거부하자, 순조 때부터는 법으로 천주교를 금지하고 탄압했다.

'동학'은 민간 신앙, 불교, 유교, 도교가 가진 장점을 합쳐서 만든 종교이며, 서양 학문과 사상인 '서학'에 대항한다는 뜻에서 이름 붙여졌다. 동학은 기존 종교에 대한 불만과 사회 혼란을 바로잡으려는 데서 시작되었다. 불교는 산 속에 있어 사회와 멀어져 있었고, 유교는 주로 양반이 믿었던 것으로 상민과는 거리가 있었기 때문이다.

동학은 내세관이 없는 현실적인 종교로 인간 평등과 후천개벽 사상을 주장했기 때문에 특히 농민에게 환영받았지만, 세력이 커지자 곧 나라로부터 탄압을 받았다.

💡 **공통점** 조선 말기 서양에서 들어온 천주교와 최제우가 창시한 동학이 급격하게 퍼져나갔다. 그것은 세도 정치와 삼정 문란으로 사회가 혼란하고 백성들 생활이 어려웠기 때문이다. 현실에서 생기는 어려움을 종교를 통해 위로받고 신분제에서 생기는 불만을 표출했다. 서학과 동학은 평등사상을 내세워 신분제에 불만을 가진 백성으로부터 지지를 받았다. 하지만 평등사상을 전파해 신분제를 인정하고 많은 권리를 누리는 양반 지배층에게 심하게 탄압을 받았다.

💡 **차이점** 서학인 천주교는 '신은 오로지 한 명밖에 없다.'는 유일신 사상을 내세워 조상에게 지내는 제사를 금지했다. 유교에서 중시하는 제사를 천주교 교리를 내세워 반대한 것이다. 이처럼 서학은 교리에 바탕을 둔 신앙생활을 중시하는 종교 영역에 머물렀지만, 동학은 '지금 세상이 가고 새로운 세상이 열릴 것이다.'라는 후천개벽 사상을 내세워 현실 문제에 적극 개입해 바꾸려는 성격이 강했다. 그래서 동학교도는 고부 농민 봉기, 동학 농민 운동 등을 주도하며 좀 더 나은 세상을 만들고자 노력했다.

해석하기 서학과 동학은 어떤 공통점이 있나요?

역사 토론

📍 평등사상이 퍼지는 데 가장 큰 역할을 한 것은 무엇일까?

토론 내용 조선 후기가 되면서 신분제가 흔들리고 결국 1894년 갑오개혁 때 신분제가 폐지되었다. 조선은 유교 국가였고 유교는 신분별로 할 일이 다르게 정해졌다는 논리를 내세워 신분제를 정당화했다. 고조선 때부터 지속되어 온 신분제가 폐지되고 평등사상이 퍼지는 데 가장 큰 역할을 한 것은 무엇일까?

 토론 **1.** 민중 의식이 성장했기 때문이다.

조선은 유교 질서로 만들어진 신분제로 많은 문제를 앓고 있었다. 임진왜란과 병자호란을 겪으면서 양반이 권리만 앞세우고 의무는 다하지 않는다는 것을 상민들이 깨닫게 되었다. 또 조선 후기에 농업, 상공업 발달로 부유해진 상민이 늘어나고 글을 깨우친 사람이 많아졌다. 교류가 늘어나고 정보 획득 기회가 많아지자 의식이 성장해 신분제에 대한 문제의식이 커지게 되었다.

 토론 **2.** 천주교가 전래되었기 때문이다.

조선은 충과 효를 중시했다. 임금에 충성하고, 부모와 조상을 섬기는 것을 목숨처럼 여기던 나라에서 갑작스런 평등사상은 받아들이기 힘든 충격이었다. 천주교는 나라를 지탱하는 기강을 뒤흔드는 것이었다. 하지만 천주교에서 내세운 '모든 사람은 평등하다.'는 평등사상은 당시 신분제로 고통 받던 사람에게는 새로운 가능성을 열어주는 계기가 되었다.

 토론 **3.** 동학이 만들어졌기 때문이다.

동학을 창시한 최제우는 '사람이 곧 하늘이다.'는 인내천 사상을 내세워 평등을 주장했다. 신분제를 당연하게 여겼으나 동학에 가입해 활동하면서 점차 신분제가 부당하다는 것을 알게 되었다. 동학 농민 운동을 주도한 동학교도들이 나라에 요구한 잘못된 정치를 바로잡는 '폐정 개혁안'에도 신분제 폐지 내용이 들어 있었다. 많은 사람이 동학에 가입하면서 평등사상이 널리 퍼졌다.

토론하기 평등사상이 퍼지는 데 가장 큰 역할을 한 것은 무엇일까요? 자기 생각을 밝히고, 그 까닭을 쓰세요.

학습 내용 | 정해진 답은 없습니다. 자기 생각을 자유롭게 쓰세요.

◐ 천주교와 동학도 처음에는 많은 탄압을 받았습니다. '종교 자유'가 보장된 오늘날에도 자기가 믿는 종교에 대한 신념을 지키기 위해 고통 받는 사람에 대해 생각해 봅시다.

종교와 병역 의무

대한민국 국민은 지켜야 하는 5대 의무가 있습니다. 국방의 의무, 교육의 의무, 근로의 의무, 납세의 의무, 환경 보전의 의무입니다.

우리나라는 2018년 현재 전쟁을 쉬고 있는 휴전 국가입니다. 그래서 병역 의무는 인권과 양심보다 더 중요하게 여기기도 합니다. 그런데 병역을 거부하는 사람들이 있습니다. '양심적 병역 거부'를 주장하는 사람들이 있는데 어떤 사상이나 신념 때문에 병역을 거부하겠다는 것입니다. 또 군대에 가더라도 총을 들지 않는 '집총 거부'를 하는 사람들도 있습니다. 사람을 죽이는 훈련을 받지 않겠다고 하는 것입니다. 그래서 병역을 거부한 범죄자가 되어 감옥에 갑니다.

'양심적 병역 거부'를 인정하자는 사람은 인권은 어떤 상황에서도 존중되어야 한다고 주장합니다. 반대하는 사람은 우리나라가 휴전 국가이고 '양심적 병역 거부'가 정말로 종교와 양심에 따른 것인지, 군대에 가기 싫어서 하는 핑계인지 밝히기가 어렵다고 주장합니다.

한편에서는 군복무와 비슷한 일을 하면서 병역 의무를 대신하는 대체 복무를 허용해서 양심 때문에 감옥에 가는 것을 막아야 한다고도 합니다.

미국, 영국, 프랑스, 독일 등은 법률로 병역 거부권을 인정하고 있습니다. 또 이탈리아, 오스트리아, 스위스, 대만 등은 법으로 정해진 것은 아니지만 사실상 병역 거부권을 인정하고 있습니다. 우리나라도 2018년 6월 헌법 재판소가 양심적 병역 거부에 대한 처벌을 유지하되, 대체 복무제를 시행할 방안을 2019년 12월 31일까지 마련하도록 했습니다.

✂ **생각열기** '양심적 병역 거부'를 인정해야 할까요? 자신의 의견을 써 보세요.

흥선 대원군 개혁 정치와 서양 세력 접근

역사 연대기

1863년 | 고종이 왕위에 오름
1866년 | 제너럴셔먼호 사건과 병인양요가 일어남
1868년 | 독일 상인 오페르트가 남연군 묘 도굴을 시도함
1871년 | 신미양요가 일어남

학습 목표

❶ 흥선 대원군이 펼친 개혁 정치 내용을 파악할 수 있다.
❷ 병인양요와 신미양요가 일어난 까닭과 전개 과정을 이해할 수 있다.
❸ 흥선 대원군이 통상 수교 거부 정책을 고수한 까닭을 생각할 수 있다.
❹ 의궤가 돌아오기까지 과정을 설명할 수 있다.

교과 연계

▲ 병인양요

▲ 신미양요

탐구 1 ◦ 흥선 대원군 개혁 정치

1863년 철종이 죽자 고종이 12살 나이로 왕위에 올랐다. 고종이 어린나이라 대왕대비가 수렴청정을 해야 했지만 조 대비는 고종 아버지인 흥선 대원군에게 나라를 다스리게 했다. 전국에서 농민 봉기가 일어나고, 바닷가에 서양 배가 자주 나타나는 등 나라 안팎이 위기라 흥선 대원군은 과감한 개혁을 통해 왕권을 강화하고 백성을 안정시키려 했다.

먼저 세도 정치 중심이었던 비변사를 폐지하고 의정부 기능을 되살렸다. 그동안 막강한 권한을 지닌 비변사를 안동 김씨가 오랫동안 장악하며 부정부패를 일삼았다. 흥선 대원군은 비변사를 없애고 의정부와 삼군부 기능을 회복시켜 각각 정치와 군사 업무를 담당하도록 했다. 안동 김씨 세력은 쫓아내고 능력 있는 사람을 고루 임명했으며,《대전회통》같은 법전을 편찬해 통치 체제를 재정비했다.

붕당 근거지로 비난받던 서원도 47개만 남기고 없애버렸다. 흥선 대원군은 서원을 없애는 데 그치지 않고 명나라 신종 사당인 만동묘도 폐지했다. 유생들은 비난하며 상소를 올렸지만 뜻을 굽히지 않았다.

농민 봉기가 일어나는 원인을 삼정이 문란한 것으로 보고, 이를 바로잡으려 노력했다. 전정을 바로잡기 위해 토지를 측량하는 양전 사업을 실시했고, 백성에게만 거둬들이던 군포를 양반에게도 받는 호포법을 만들었다. 그리고 지방 벼슬아치들 횡포가 가장 심했던 환곡제를 민간에서 곡식을 빌려주는 사창제로 바꾸어 벼슬아치가 곡식을 빼돌릴 수 없도록 막았다. 이러한 개혁 정책은 백성에게 큰 호응을 얻었고 국가 재정도 늘어났다.

고종 2년부터 흥선 대원군은 왕실 권위를 높이기 위해 임진왜란 때 불타 버린 경복궁을 다시 짓기 시작했다. 공사 비용을 마련하기 위해 '자진해서 납부한다.'는 원납전을 징수했고, 당백전이라는 고액 화폐를 발행했다. 당백전은 당시 쓰이던 상평통보보다 100배 정도 가치를 지닌 돈이었다. 당백전 때문에 화폐 가치가 떨어지고 물가가 치솟자 만든 지 6개월 만에 사용을 금지시켰다. 호포제 실시와 서원 철폐로 양반이 반발하고 무리한 경복궁 중건 등으로 백성 지지까지 잃자, 흥선 대원군은 권력 기반이 크게 약화되었다. 결국 1873년 흥선 대원군은 집권한 지 10년 만에 권력에서 물러나고 말았다.

 탐구하기 흥선 대원군이 펼친 개혁 정치는 무엇인지 구체적인 내용을 써 보세요.

탐구 2 ∞ 병인양요

1866년 프랑스는 병인박해를 구실로 삼아 통상을 요구하며 조선을 침략했다. 9월, 1차로 로즈 제독이 이끄는 함대가 강화도와 한양에 이르는 뱃길을 조사하고 돌아갔다. 프랑스 군함이 나타나자 조선은 곧바로 연안 포대를 강화하고 의용군을 모집해 방비를 강화했다.

같은 해 10월, 2차로 프랑스는 군함 7척에 전투 병력 6백여 명과 최신식 무기를 싣고 조선을 침공했다. 프랑스 군인이 대포를 발사하고 총을 쏘며 돌격하자 강화도를 지키던 군사는 제대로 싸워 보지도 못하고 도망쳤다.

강화도가 프랑스 군대에 점령당했다는 소식을 들은 조정은 급히 군사 회의를 열어 순무영을 조직했다. 양헌수 장군이 순무영 군사를 지휘하는 책임자가 되었다. 장군은 총을 잘 다루는 포수와 관군을 합한

> **순무영** 지방에서 민란과 같은 변란이나 재난이 일어났을 때 왕명을 받고 파견되어서 해당 지역에 있는 군사에 대한 일이나 민심 수습을 맡아 보던 병영을 말한다.

550여 명을 이끌고 강화도 정족산성에 도착했다. 조선군이 정족산성에 있다는 보고를 받은 로즈 제독은 정족산성을 점령하도록 지시했다. 조선군을 얕본 프랑스군은 총만 들고 정족산성을 공격했다. 양헌수 장군 명에 따라 몸을 숨기고 있던 조선군은 프랑스군이 사정권 안으로 들어오기를 기다렸다가 일제 사격을 했다. 이 전투로 프랑스군은 6명이 전사하고 부상자 60명이나 되었지만 조선군은 전사자가 1명, 부상자가 4명이라는 가벼운 피해를 입었다. 프랑스 최정에 부대와 맞서서 조선군이 구식 무기로 승리한 것이다. 프랑스군은 정족산성 패배로 본진까지 공격을 당할 수 있다는 두려움에 휩싸였고, 로즈 제독은 결국 함대를 철수하기로 했다. 강화를 점령한 지 한 달만이었다. 그러나 프랑스군은 물러가면서 외규장각 도서등 귀중한 문화

▲ 정족산성

유산과 은괴, 보물 등을 닥치는 대로 약탈하고 장녕전, 외규장각 건물은 모두 불질러버렸다. 이 사건을 '병인양요'라 부른다. 병인년에 서양 세력이 일으킨 난리라는 뜻이다. 병인양요는 서양과 싸워서 거둔 승리라 흥선 대원군에게 자신감을 불어넣어 주었다.

🔍 **탐구하기** 1866년 병인박해를 이유로 프랑스 군대가 강화도를 침략한 사건은 무엇인가요?

탐구 3 ▸ 신미양요

1866년 8월 미국 상선 제너럴셔먼호가 대동강을 거슬러 올라와 평양에서 통상을 요구했다. 조선은 통상을 거부하며 즉각 물러가라고 했다. 하지만 민가를 약탈하고, 관리를 잡아 가두고, 함부로 총을 쏘아 백성을 죽이는 등 행패를 부렸다. 분노한 평양 사람들은 제너럴셔먼호를 불태워버렸다.

1871년 미국은 제너럴셔먼호 사건을 구실로 손해 배상과 통상을 요구하기 위해 군함 5척과 병사 1,200여 명을 거느리고 강화도를 침입했다. 신미년에 서양 세력이 침략했기 때문에 '신미양요'라 부른다.

미국 함대가 손돌목으로 들어오자, 광성보를 지키던 조선군은 포탄을 발사했다. 미군은 사과하고 손해 배상을 하라고 했으나 조선은 미군 함대가 허락 없이 들어온 것은 주권을 침해하고 영토를 침략한 것이라며 거부했다. 그러자 미군은 함포 사격으로 강화도 초지진을 초토화시킨 후 상륙했고, 덕진진도 점령했다. 조선군은 광성보로 이동해 어재연 장군 지휘로 육지에 상륙한 미군과 전투를 벌였다. 하지만 조선군은 구식 무기인 화승총을 사용한 반면 미군은 최신식 소총을 사용했다. 열악한 무기에도 조선군은 용감하게 싸웠다. 무기가 없는 사람은 돌멩이도 던지고 맨손으로 흙을 집어 미군 눈에 뿌리며 결사적으로 저항했다. 결국 광성보는 함락되었고, 전사자가 3명이었던 미군에 비해 조선군 전사자는 350여 명이나 되었다. 또 살아남은 병사도 칼로 목을 찔러 자결하거나 강화 해협으로 몸을 던졌다.

미군은 광성보를 점령하면 조선이 통상에 응할 거라고 생각했지만, 협상조차 하지 않자 통상을 포기하고 물러갔다. 미군이 물러가자 한양에서는 백성들이 거리로 쏟아져 나와 서양 오랑캐를 물리쳤다며 환호했다. 두 차례에 걸친 양요를 겪은 흥선 대원군은 서양과 통상을 하지 않겠다는 것을 백성에게 널리 알리기 위해 전국에 척화비를 세웠다. 척화비에는 '서양 오랑캐가 침범했을 때 싸우지 않으면 화의를 맺는 것인데, 화의를 맺는 것은 나라를 파는 것이다.'라는 내용을 적었다.

○ 탐구하기 1871년 제너럴셔먼 사건을 빌미로 미국 군대가 강화도를 침략한 사건은 무엇인가요?

해석 1 ─ 흥선 대원군은 왜 통상 수교를 거부했을까?

흥선 대원군은 청나라를 제외한 다른 나라와 통상 및 교류를 하지 않겠다는 통상 수교 거부 정책을 실시했다. 흥선 대원군은 왜 통상 수교를 거부했을까?

흥선 대원군이 처음부터 통상 수교를 거부한 것은 아니었다. 서양 세력에 대해 반감을 가지고 있지도 않았고, 부인도 천주교 신자였기 때문에 천주교에 대해서도 너그러운 태도를 보였다. 그러나 흥선 대원군이 서양 세력에 거부감을 갖게 만드는 일이 잇달아 일어났다.

당시 서양은 산업 혁명에 성공해서 공장에서 많은 물건을 만들어냈다. 영국, 프랑스 등은 공장에서 대량으로 만든 물건을 팔 시장과 원료를 구할 곳을 찾아 아시아로 몰려왔다. 1860년 영국과 프랑스 군대가 청나라 베이징을 점령한 사건이 일어났다. 청나라가 가장 강한 나라라고 알고 있던 흥선 대원군은 충격을 받았고, 청나라가 위태롭게 된 것은 통상 수교를 했기 때문이라 생각했다. 그래서 조선 앞바다에 이양선이 나타나 통상 수교 요구를 하자, 통상 수교가 침략으로 이어진다고 여겨 거절했다.

> **이양선(異樣船)** 서양 배를 조선 배와 모양이 다른 배라는 뜻에서 이양선이라 불렀다.

또 러시아가 두만강을 건너 통상을 요구해 왔다. 러시아가 남하하는 것을 저지하기 위해 흥선 대원군은 중국에 주둔하고 있는 프랑스 군대를 끌어들이려고 했다. 하지만 프랑스 선교사들이 도움을 주지 않아 실패했다. 이때부터 흥선 대원군은 선교사를 믿을 수 없다고 여겼고, 때마침 양반들이 천주교 금지 요구를 거세게 하자 박해했다.

1868년에는 독일인 오페르트가 흥선 대원군 아버지인 남연군 무덤을 도굴하려 시도한 사건이 일어났다. 조선과 통상을 맺으려는 미국이 오페르트를 시켜서 일으킨 사건이었다. 무덤에서 훔친 남연군 유골을 이용해 흥선 대원군에게 통상을 요구하려 했으나 무덤을 파헤치던 오페르트가 마을 사람들에게 발각되는 바람에 실패했다.

오페르트 도굴 사건으로 인해 서양인은 조상 무덤을 함부로 파헤치는 오랑캐라며 배척하는 분위기가 더욱 커졌고, 흥선 대원군은 통상 수교 거부 정책을 더욱 강화하게 되었다.

> **해석하기** 흥선 대원군이 통상 수교 거부 정책을 펼친 까닭은 무엇인가요?

해석 2 - 145년 만에 돌아온 조선 왕조 의궤

▲ 외규장각

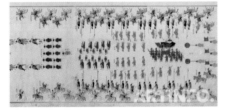

▲ 외규장각 의궤(국립중앙박물관)

정조 때 규장각에 보관되어 있던 왕실 관련 물품과 서적을 따로 보관할 목적으로 강화도에 규장각 부속 도서관을 두었는데, 이것이 바로 외규장각이다. 강화도에 설치한 까닭은 한양에서 가깝고 외적이 침입했을 때 안전하게 보관할 수 있다고 생각했기 때문이었다.

하지만 병인양요 때 프랑스군은 외규장각에 있던 왕실 물품과 의궤를 약탈하고 건물을 불태워버렸다. 의궤는 조선 왕실에서 치른 주요 행사를 글과 그림으로 기록한 것이다.

프랑스군이 약탈해간 의궤가 어디에 있는지 오래도록 알려지지 않았다. 그런데 1975년 프랑스 국립도서관에서 사서로 일하던 박병선 박사가 도서관 별관 지하 창고에서 의궤를 발견했다. 그 후 도서관 곳곳을 뒤져 흩어져 있던 297권을 모두 찾아 우리나라에 알렸다. 이 사실을 안 프랑스 국립도서관 측은 허락 없이 한국에 알렸다며 사표를 강요했다. 하지만 박병선은 도서관을 그만둔 뒤에도 10여 년 동안이나 개인 자격으로 도서관을 드나들며 외규장각 의궤 목차와 내용을 하나하나 정리하며 정식으로 문화재 반환을 요청했다. 혼자 힘으로 안 되자 한국 사람들과 시민 단체, 청와대에 도움을 청했다.

1991년 우리 정부는 외규장각 도서가 약탈된 것이므로 프랑스 정부에 반환해 줄 것을 요청했다. 프랑스는 반환하면 다른 나라도 요구할 것이기 때문에 완강히 거부했다. 하지만 1993년 한국 고속 철도 사업을 놓고 독일과 경쟁이 붙자 프랑스 미테랑 대통령은 외규장각 의궤 한 권을 반환하며, 한국이 프랑스 고속 전철을 선택하면 의궤를 모두 반환할 것을 약속했다. 그러나 지키지 않았다.

우리나라는 프랑스 정부와 20년에 걸친 협상을 벌였다. 결국 2011년 5월 27일, 병인양요가 발발한 지 145년 만에 조선 왕조 의궤 297권이 돌아왔다. 그러나 영원한 귀환이 아닌 5년마다 계약을 바꿔야 하는 임대 형식이었으며, 돌아온 의궤는 지금 국립중앙박물관에 소장되어 있다.

해석하기 　 조선 왕조 의궤가 우리나라로 돌아올 수 있었던 것은 누구 덕분인가요?

역사 토론

 흥선 대원군이 실시한 통상 수교 거부 정책은 잘못된 결정이었을까?

[토론 내용] 흥선 대원군이 외국과 수교를 거부한 탓에, 우리나라 근대화가 늦어져 일제에게 식민지 지배를 받게 되었다고 비난하는 사람들도 있다.

토론 1. 그렇다.

통상 수교 거부 정책은 서양 세력 침입을 일시적으로 막아내는 데는 도움이 되었지만, 발달된 서양 문물을 받아들이지 못해 근대화를 늦추는 결과를 가져왔다.

토론 2. 그렇지 않다.

흥선 대원군이 나라를 다스리기 시작할 당시는 60년간 이어진 세도 정치로 나라꼴이 말이 아니었다. 서양과 교류하는 것보다 나라를 안정시키는 것이 더 중요했다. 그래서 백성들 생활을 안정시키기 위해 삼정 문란을 바로잡고 흐트러진 정치 기강을 바로잡는 등 내실을 키우는 데에 주력한 것이다.

토론 3. 그래도 잘못된 결정이었다.

내실을 키웠던 것은 왕권 강화를 위해서였다. 주변 국가인 청나라나 일본이 서양 문물을 받아들이고 있을 때, 조선만이 서양과 통상을 거부한 것은 시대를 제대로 읽지 못한 것이었다. 어지럽게 돌아가는 국제 정세 속에서 살아남기 위해서는 과감히 문을 열고 받아들일 것은 받아들여서 나라 힘을 키웠어야 했다.

토론 4. 아무리 그래도 옳은 결정이었다.

프랑스 선교사를 통해 프랑스 힘을 빌려 러시아 남하를 저지하려고 한 것만 봐도 흥선 대원군은 국제 감각이 있는 사람이었다. 청나라가 서양과 교류하다 아편 전쟁을 겪게 되어 서양 열강들 간섭을 받는 것을 보았다. 준비가 전혀 안 된 상태에서 서양 세력에 문호를 개방하면, 결국 식민지가 된다는 걸 알게 된 것이다. 그러니 당시 조선 상황에서는 통상 수교 거부 정책을 실시하는 것이 최선이었다.

[토론하기] 흥선 대원군이 실시한 통상 수교 거부 정책은 올바른 결정이었을까요? 자기 생각을 밝히고, 그 까닭을 쓰세요.

◇ 다음 글을 읽고, 물음에 대한 생각을 써 보세요.

약탈된 문화재를 훔쳐 왔다면 돌려줘야 할까요?

▲ 관세음보살좌상

복장(腹藏) 불상을 만들 때 불상 안에 넣는 사리나 불경을 이르는 말.

2012년 10월 일본 쓰시마섬 간논지(觀音寺, 관음사)라는 사찰에서 우리나라 문화재 절도단이 관세음보살좌상을 훔쳐서 몰래 국내에 들여왔다.

이 관세음보살좌상은 1330년(고려 충선왕 원년) 서산 부석사(浮石寺)에서 조성된 불상임이 복장(腹藏)에서 나온 기록으로 밝혀졌다. 부석사 측은 이 불상이 부석사에서 만들어진 것이 분명하고, 더구나 고려 말 왜구에 의해서 약탈당했으니 부석사에 돌려줘야 한다고 했다. 14세기 후반 왜구가 서산 지역에 자주 출몰했다는 기록과 1526년 간논지를 창건한 사람이 왜구 후손이라는 사실을 토대로 관세음보살좌상이 왜구에 의해 약탈됐을 가능성이 크다고 주장하고 있는 것이다.

그러나 학계와 문화재 전문가는 이 관음상이 훔친 문화재이므로 다시 일본으로 돌려줘야 한다는 의견이다. 불상이 약탈당해 일본으로 반출됐다 하더라도 그것을 또 다른 약탈이라는 방식으로 돌려받는 것을 정당화할 수는 없다는 것이다. 또한 왜구에 의한 약탈은 심증만 있을 뿐이고 증거를 확보하기 어려워 일본과 외교 문제를 일으킬 수도 있다고 주장한다.

일본 간논지도 불상이 도난 문화재이므로 반환을 요구했고, 일본 관방장관도 신속히 불상이 일본에 반환되도록 한국에 적절한 대응을 요구하겠다고 말했다.

도난 문화재는 '유네스코 불법 문화재 반환 협약'에 따라 본래 소장처에 소유권이 있다. 하지만 이 규정은 협약이 체결된 1970년 이후 발생한 사건에만 적용되며 강제성도 없다.

✂ **생각열기** 약탈된 문화재를 훔쳐왔다면 돌려줘야 할까요? 자기 생각을 밝히고, 그 까닭을 써 보세요.

강화도 조약과 갑신정변

역사 연대기
1876년 | 강화도 조약을 체결하고 개항함
1881년 | 별기군을 설치하고 일본인 교관을 초빙함
1882년 | 임오군란이 일어남
1884년 | 김옥균 등이 갑신정변을 일으킴

학습 목표
❶ 강화도 조약 내용을 파악할 수 있다.
❷ 임오군란이 일어난 배경과 내용을 설명할 수 있다.
❸ 갑신정변이 일어난 배경과 전개 과정, 결과를 파악할 수 있다.
❹ 흥선 대원군과 명성 황후를 이해할 수 있다.

교과 연계

초등사회 6-1 　　🔗 **2. 근대 국가 수립을 위한 노력과 민족 운동**
　　　　　　　　　　　　1) 조선의 개항

중등역사 2(비상) 　🔗 **1. 근대 국가 수립 운동과 국권 수호 운동**
　　　　　　　　　　　　1) 외세의 침략적 접근과 개항 / 2) 근대 개혁 운동

중등역사 2(미래엔) 🔗 **1. 근대 국가 수립 운동과 국권 수호 운동**
　　　　　　　　　　　　1) 외세의 침략적 접근과 개항 / 2) 근대 개혁 운동

중등역사 2(천재) 　🔗 **1. 근대 국가 수립 운동과 국권 수호 운동**
　　　　　　　　　　　　1) 흥선 대원군의 집권과 개항 / 근대 개혁 운동의 전개

◀ 우정총국(우정국)

▲ 강화도 조약 체결

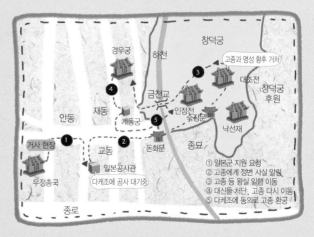

① 일본군 지원 요청
② 고종에게 정변 사실 알림
③ 고종 등 왕실 일행 이동
④ 대신들 처단, 고종 다시 이동
⑤ 다케조에 동의로 고종 환궁

▲ 갑신정변 직후 개화파 움직임

탐구1 → 강화도 조약

홍선 대원군이 권력에서 밀려나고, 정권을 잡은 민씨 세력은 쇄국 정책을 버리고 개화 정책을 펼쳤다. 1875년 9월에 일본 배인 운요호가 강화도 초지진에서 조선군과 포격을 벌이고, 인천 영종도에 상륙해 살인과 약탈을 벌였다. 조선군 35명이 죽고 16명이 포로로 잡혔으며, 대포 36문과 화승총 130여 자루를 빼앗겼다. 그러나 일본은 물을 얻으려고 초지진에 왔을 뿐이라며 책임을 조선에 떠넘겼다.

일본 전권대사 구로다가 군함 3척과 수송선 3척을 이끌고 부산으로 와서는 운요호 사건 해결을 위해 조선 대표가 강화도로 오지 않으면 한양으로 진격해 가겠다고 협박했다. 1876년 1월 강화도에 도착해 회담을 요청했다. 조선 정부에는 개항을 반대하는 의견이 많았으나 거절할 경우 조선에 불리하다며 통상 회담에 응하자는 주장도 있었다. 청나라도 개항을 권고하자, 1876년 2월 27일 강화도 연무당에서 전권대신 신헌과 특명전권대신 구로다가 '조·일 수호 조규'를 맺었다. 강화도에서 맺었다고 해서 '강화도 조약'이라고도 부르며, '병자 수호 조약'이라고도 한다.

모두 12개조로 되어 있는데, 일본에게만 유리한 불평등 조약임을 알 수 있는 여러 조항이 있다.

> 제1조 조선은 자주국으로서 일본과 평등한 권리를 가진다. → 조선이 자주국이라고 함으로써 일본이 조선을 침략하는 데에 청나라가 간섭하지 못하도록 하려는 의도였다.
>
> 제5조 조선은 부산 이외에 두 항구를 20개월 이내에 개항하여 통상할 수 있도록 한다. → 조선이 부산을 포함한 세 항구를 개항장으로 열게 만들고, 일본이 자유로운 무역을 하는 권한을 얻으려는 의도였다.
>
> 제7조 일본국 항해자가 자유로이 조선의 해안을 측량하고 해도(海圖)를 작성할 수 있다. → 일본이 조선 바다를 마음대로 측량하고 드나들 수 있는 권리를 얻으려는 의도였다.
>
> 제10조 일본인이 범죄를 저질렀을 때 현지에 파견된 일본 영사가 재판한다. → 외국에 있으면서도 그 나라 법을 따르지 않는 '치외 법권'을 얻어 일본 사람이 조선에서 죄를 지어도 처벌받지 않도록 하려는 의도였다.

강화도 조약에 따라 부산과 인천, 그리고 원산을 개항장으로 정해서 나라 문을 열었고, 앞선 문물을 배워오기 위해 일본에 수신사를 파견했다.

탐구하기 1876년 조선이 운요호 사건을 계기로 일본과 맺은 불평등 조약은 무엇인가요?

탐구 2 ─ 임오군란

▲ 별기군

강화도 조약으로 근대 문물이 들어오자 홍선 대원군을 따르던 수구파는 급격한 근대화로 큰 부작용이 일어날 수 있다며 개화파와 대립했다. 별기군이라고 부른 신식 군대를 만들면서 대립은 더욱 심해졌다. 구식 군대에서 80여 명을 뽑아 일본식 군복에 일본 총을 들고 일본인 교관으로부터 훈련을 받았다. 구식 군대보다 더 많은 월급을 받았고, 대우도 더 좋았다. 민씨 정권이 들어서자 대우가 나빠졌다고 여긴 구식 군인은 봉급마저 13개월이나 밀리자 불만이 쌓여만 갔다.

1882년 6월 5일, 밀린 봉급을 준다는 소식을 듣고 선혜청으로 모였으나 한 달 치밖에 주지 않았다. 양도 원래 정해진 봉급 반이었고, 그마저도 쌀에 겨와 모래가 섞여 있었다. 화가 난 여러 군인이 봉급을 나누어주는 관리를 구타했다. 소식을 들은 병조 판서 민겸호는 부패한 관리를 벌주지 않고 오히려 구타한 주동자를 잡아들였다. 잡혀간 사람이 사형 당할지도 모른다는 소문이 돌자 구식 군인이 들고 일어났다. 임오년에 군인이 일으킨 난이라고 해서 '임오군란'이라고 부른다.

민겸호 집에 불을 지른 봉기군은 별기군 부대로 쳐들어 가 일본인 교관을 죽였고, 일본 공사관을 습격했다. 부패한 민씨 정권과 경제를 침탈하는 일본에 불만을 품은 백성까지 합세하자 봉기군은 수천 명으로 불어났다. 임금이 있는 창덕궁으로 몰려가 돈화문을 지키는 수문장을 죽이고 궁으로 쳐들어갔다.

고종은 난을 수습하기 위해 봉기군이 따르는 홍선 대원군을 불러들였다. 명성 황후는 궁녀로 변장해 장호원으로 피했다. 민심을 가라앉히기 위해 홍선 대원군은 명성 황후가 죽었다며 궁궐에 빈소를 꾸미고 장례를 치렀다. 근대화를 이끄는 통리기무아문과 별기군을 없애고 구식 군대 5영을 되살렸다. 또 개화파를 몰아내고 수구파를 임명했다. 명성 황후는 고종과 몰래 연락하고 김윤식과 어윤중을 통해 청나라에 군대를 보내 달라고 했다. 김홍집도 일본에 군대를 보내달라고 했다. 6월 27일, 청나라가 군대를 보내자 일본도 임오군란 피해를 보상받는다며 군대를 보냈다. 청나라군은 홍선 대원군을 임오군란 주모자로 몰아 납치해 갔다. 명성 황후가 돌아오자 민씨 세력이 다시 권력을 잡았다. 청나라와는 조·청 상민 수륙 무역 장정을 맺어 문호를 개방했고, 일본과는 제물포 조약을 맺어 피해 보상을 했다.

 탐구하기 개항하고 난 뒤 만들어진 신식 군대는 무엇인가요?

탐구 3 ⟶ 갑신정변과 3일 천하

임오군란을 진압한 후 청나라는 조선을 식민지처럼 지배하려 했고, 민씨 정권은 청나라에 기대서 정권을 유지하려 했다. 반면 김옥균 등 개화파는 일본을 등에 업고 개화 정책을 추진해 서로 대립했다.

민씨 정권이 군사권을 장악하고 개화파를 억누르자 김옥균은 일본으로부터 차관을 들여와 개화를 추진하려 했다. 그러나 차관이 실패하면서 위기에 몰린 개화파는 정변을 일으켜 민씨 정권을 무너뜨리고 청나라로부터 벗어나 자주독립국을 세우려고 했다.

먼저 미국 공사에게 도움을 청했으나 거절당했다. 일본도 처음에는 거절했으나 다케조에 이치로 공사가 일본에 다녀온 뒤에 태도가 돌변했다. 조선에 주둔한 청나라 군사 절반이 돌아갔고 프랑스와 전쟁에서 불리해져 청나라는 조선에 신경 쓸 겨를이 없어졌다고 판단했다.

▲ 개화파(박영효, 서광범, 서재필, 윤치호)

1884년 12월 4일, 우정국 개국 축하연이 열리자 우정국 옆 민가에 불을 지르고는 달려 나온 민씨 정권 핵심 인물인 민영익을 공격했다. 김옥균, 박영효는 창덕궁으로 달려가 고종에게 '청군이 반란을 일으켜 민영익이 희생되었다'고 거짓 보고를 올렸다. 놀란 왕을 경운궁으로 옮긴 뒤 일본군이 궁을 호위하게 한 다음, 민영목, 민태호, 조영하 등을 차례로 죽였다. 이를 '갑신정변'이라고 한다.

정권을 잡은 김옥균은 호조 참판이 되고 우의정에 홍영식, 좌포도대장에 박영효, 우포도대장에 서광범을 앉혔다. 각국 공사와 영사에게 새로운 정부가 세워졌음을 알렸으며 개혁안 14개조를 내세웠다. 그러나 개혁안을 공포도 하기 전에 위안스카이(袁世凱)가 이끄는 청나라군이 출동해 정변은 '3일 천하'로 끝이 났다. 김옥균, 박영효는 일본으로 망명했으며, 홍영식은 체포되어 참형되었다.

일본은 공사관이 불타고 직원과 일본 사람이 희생된 책임을 조선 정부에 물었다. 결국 1885년 1월 9일 일본에 사과하고, 배상금 10만원을 지불하며, 일본 공사관 수리비를 조선이 부담한다는 내용을 담은 '한성 조약'을 맺었다. 청나라와 일본은 조선에서 모두 철수할 것과 앞으로 조선에 변란이 일어나 어느 한쪽이 군대를 보낼 경우에는 상대방에게 알릴 것을 담은 '톈진 조약'을 맺었다.

> 🔍 탐구하기　김옥균 등이 이끄는 개화파가 정변을 일으킨 까닭은 무엇인가요?

해석 1 ── 권력을 놓고 대립한 흥선 대원군과 명성 황후

1863년 12월, 철종은 안동 김씨가 휘두르는 세도 정치 속에서 아무 힘도 쓰지 못하고, 후계자도 남기지 못하고 숨을 거두었다. 그러자 대왕대비 조씨는 흥선군 둘째아들인 명복을 왕으로 세웠다. 바로 12세에 왕이 된 고종이다.

흥선 대원군은 어린 아들을 대신해 나라를 다스렸다. 60여 년 동안 나라를 마음대로 주무른 안동 김씨 세력을 몰아내고, 부정과 부패를 바로잡을 유능한 인재를 뽑았다. 왕권을 강화하기 위해 임진왜란 때 불타버린 경복궁을 다시 지었다. 또 세금을 면제받고 특혜를 누리던 서원을 47개만 남기고 600여 개나 없애는 서원 철폐를 했다. 양반에게도 세금을 물렸다.

흥선 대원군은 왕실 외척인 안동 김씨 세력에 의한 세도 정치에 치를 떨었기 때문에 뼈대는 있되 세력이 크지 않은 가문에서 며느리인 왕비를 고르려고 했다. 부인 쪽인 여흥 민씨에서 몰락한 집안사람으로 아홉 살에 고아가 된 민자영을 선택했다. 바로 명성 황후다.

민자영이 왕비가 되고 2년 뒤에 후궁인 이씨가 아들을 낳았다. 흥선 대원군은 왕자를 완화군이라 부르고 무척 귀여워했다. 왕비 자리를 든든히 지키려면 왕비도 아들을 낳아야만 했다. 2년 뒤 왕비도 바라던 아들을 낳았다. 할아버지인 흥선 대원군은 산삼을 보냈다. 그런데 왕자가 산삼을 먹은 지 5일 만에 죽고 말았다. 이 일은 정치적 입장 차이로 대립하던 두 사람을 더 멀어지게 했다.

왕비는 흥선 대원군을 반대하는 세력인 안동 김씨와 서원 철폐에 불만이 많은 유생을 모았다. 유생 대표인 최익현에게 '대원군 하야 상소'를 올리게 했다. 왕이 스스로 정치를 할 수 있는 스무 살이 넘었고, 흥선 대원군이 정치를 잘하지 못하고 있으니 물러나야 한다는 것이었다. 최익현은 아버지와 아들 사이를 떼어놓으려 한다는 죄로 귀양을 갔으나 흥선 대원군은 집권한 지 10년 만에 물러나야 했다. 권력을 잡은 민씨 세력은 조정을 장악하고는 흥선 대원군이 벌인 모든 정책을 뒤엎었다. 서원을 다시 지었으며, 통상 수교 거부 정책(쇄국 정책)을 폐지해 일본과 조약을 맺고 나라 문을 열었다. 임오군란으로 권력을 잡은 흥선 대원군은 민씨 세력을 몰아내고 수구파를 다시 불러들였다. 그러나 흥선 대원군은 청나라에 붙잡혀서 끌려갔고, 4년 만에 돌아온 뒤로도 을미사변으로 명성 황후가 죽을 때까지 시아버지와 며느리라는 가족을 벗어나 철저하게 서로를 미워하는 원수 사이가 되었다.

해석하기 명성 황후가 흥선 대원군을 물러나도록 한 까닭은 무엇인가요?

해석2 ☞ 개화 세력이 꿈꾼 나라

철종11년(1860) 8월 영국, 프랑스 연합군이 북경을 점령하고 황실 정원인 원명원을 불태우는 사건이 일어났다. 통역관인 오경석은 그 해 10월 북경에 갔다가 청나라가 서양 세력에 힘없이 무너지는 모습을 보았다. 이때 조선도 바뀌지 않으면 제국주의 열강에 멸망당할 것이라 여겼다. 그래서 양반 자제를 찾아다니며 혁신을 일으키자고 결의했다. 청나라에서 가져온 《해국도지》, 《호환지략》에는 서양 여러 나라에 대한 소개와 발전된 서양 군사력이 적혀 있었다. 청나라를 중심으로 세계가 움직인다는 믿음과 전혀 다른 것이었다. 하지만 민씨 정권은 청나라를 따라 배우려고만 했다.

1881년에 외국과 교류하며 발전하는 일본 모습을 보고 돌아온 김옥균은 메이지유신으로 근대화를 이룬 일본처럼 개혁을 이루려고 했다. 그래서 일본으로부터 도움을 받아 갑신정변을 일으켰으나 실패한 후 일본 망명길에 올랐다. 이와다 슈사쿠로 개명하고, 일본에서 여러 힘 있는 사람과 가깝게 지냈다.

홍종우는 우리나라에서 처음으로 프랑스에 간 사람이었다. 파리에서 '조선의 한복 신사'라고 할 정도로 늘 한복을 입고 다녔다. 또 1892년에는 춘향전을 《향기로운 봄》으로, 심청전을 《다시 꽃이 핀 마른 나무》로 번역 출판해서 우리 문화를 널리 알렸다.

홍종우는 《다시 꽃이 핀 마른 나무》 서문에,

> "17세기까지 코리아는 지도상에 점 하나로 표기되어 왔다. 이렇게 된 원인은 우리가 서양 문명과 접촉하려는 열의가 적었기 때문이다. 지금 코리아에서 벌어지는 상황은 발칸 반도와 비슷할 것이다. 조선은 강대국에 둘러싸여 있다. 중국과 일본은 우리나라를 지배하려고 서로 다툼을 벌였으며, 얼마 후면 러시아가 끼어들 것이다."

라고 쓸 정도로 정세를 꿰뚫어보는 능력이 있었다. 프랑스에서 돌아오는 길에 일본에서 김옥균을 만난 홍종우는 일본 도움을 받아 근대화를 추진하려는 모습을 보고, 서구 문명을 익히면서도 그 속에 숨겨진 제국주의를 조심해야 한다고 강조했다. 김옥균을 살해하고 정치에 들어선 홍종우는 세도가였던 민영준과 대담에서 "우리나라가 가난하다고 해서 누구도 우리나라 내정을 조종할 수 없다"며 열강이 내정을 간섭하는 것에 반대했다.

> **해석하기** 개화 세력은 우리나라가 어떻게 변하기를 바랐나요?

갑신정변은 왜 실패했을까?

토론 내용 민씨 세력이 청나라에 의지해서 온건한 개혁을 하는 것에 반대한 급진 개화파는 일본처럼 근대화를 이루기 위해 빠르게 개혁을 밀고 나가려 했다. 하지만 갑신정변은 3일 만에 끝나고 말았다.

 토론 **1. 백성으로부터 지지를 받지 못했기 때문이다.**

　민씨 정권이 청나라에 의지한 채 개혁에 적극 나서지 않는 것을 보고 김옥균을 중심으로 한 개화당은 정변을 일으켜서라도 개혁과 개화 정책을 밀고 나가려고 했다. 좋은 뜻으로 갑신정변을 일으킨 것이지만 백성은 정변이 일어난 것을 전혀 알지 못했다. 정변에 성공했으나 백성이 뒷받침을 하지 않았기 때문에 청나라가 쳐들어오자 막아내지 못했다.

 토론 **2. 일본을 너무 믿었기 때문이다.**

　일본은 개화당을 돕겠다면서 정변을 부추겼다. 일본이 정변을 성공하는 데에 큰 힘이 되기는 했으나 청나라가 반격해오자 도망쳐 버렸다. 일본이 사라지자 정변 세력도 아무런 힘을 쓰지 못하고 말았다. 갑신정변이 실패하자, 뒤에서 부추겼던 일본은 오히려 배상금을 요구했다. 결국 조선 정부는 많은 배상금을 물어주어야 했다.

 토론 **3. 청나라가 개입했기 때문이다.**

　프랑스와 벌인 전쟁에 몰두하느라 우리나라에 관심을 가질 수 없다고 믿었던 청나라가 많은 군사를 동원해서 반격해오자 순식간에 무너졌다. 군대도 없이 일으킨 정변은 청나라가 개입하자 제대로 된 저항 한번 못해보고 3일 천하로 끝났고, 일본과 청나라만 끌어들인 꼴이 되고 말았다.

토론하기 갑신정변이 실패한 가장 큰 까닭은 무엇일까요? 자기 생각을 밝히고, 그 까닭을 쓰세요.

● 갑신정변은 백성으로부터 지지를 받지 못했기 때문에 실패했다고도 합니다. 요즈음에도 원하는 사람이 별로 없는 일을 벌여서 망하는 경우가 있습니다. 다음 글을 읽고, 물음에 대한 자기 생각을 써 보세요.

부풀린 수요 조사로 낭비되는 나랏돈!

2017년 5월 26일 의정부 경전철이 파산 선고를 받았다. 꼬마전철이라고도 부르는 경전철은 전철보다 적은 비용으로 만들 수 있고 유지 비용도 적게 든다. 이용하는 사람이 아주 많지는 않더라도 운영할 수 있기 때문에 서울 우이신설선과 경남 김해, 경기도 용인, 의정부 등에서 운영하고 있다. 하지만 경전철 대부분은 심각한 적자에 시달리고 있다.

이용하는 사람이 너무 적어서 수익이 나지 않는 곳에서는 모자라는 운영비를 세금으로 메꾸어야 한다. 들어가는 세금이 아주 많지 않다면 시민이 편리하게 이용하는 대중교통이니까 억지로라도 운영할 수 있지만 의정부 경전철은 세금으로 메꾸는 것이 힘들어져서 파산을 하고 말았다.

경전철만이 아니라 공항도 실패한 경우가 있다. 무안이나 양양국제공항은 세계로 드나드는 관문으로 만든다며 엄청난 돈을 들였으나 이용하는 사람이 별로 없어서 뜨고 내리는 비행기가 거의 없다.

공항이나 도로, 철도 같은 것을 만들면 이용하는 사람이 얼마나 될지 미리 예상해보는 것을 '수요 조사'라고 한다. 하지만 수요 조사에서는 많은 사람이 이용하게 될 것이라고 나왔다면서 건설했으나 실제로는 예상에 훨씬 못 미치는 경우가 많다. 수요 조사를 엉터리로 했기 때문이다. 그 지역 사람이 필요하다고 요구하면 건설부터 하고 보자며 예상되는 이용자를 부풀리기도 한다.

이렇게 수요 조사가 제대로 되지 않아서 수천억 원이 넘는 돈을 들여서 만든 철도나 공항이 이용하는 사람이 없고, 운영조차 되지 않아서 나랏돈을 엉뚱하게 써버리는 결과가 되고 말았다.

🗝️ **생각열기** 엉터리 수요 조사로 나랏돈이 낭비되는 것을 막을 수 있는 방법은 무엇이 있을까요?

08 동학 농민 운동과 을미사변

학습 목표

❶ 동학 농민 운동 전개 과정을 파악할 수 있다.

❷ 갑오·을미개혁 내용을 설명할 알 수 있다.

❸ 을미사변과 아관 파천이 발생한 까닭을 이해할 수 있다.

1894년	1월 10일	고부 농민 봉기(고부 민란)
제1차 농민 봉기 (1894년)	4월 7일	황토현 전투(고부) 승리
	4월 27일	전주성 점령
	5월 5일	청나라에 구원병 요청, 청나라 군사 상륙(천안)
		텐진 조약에 따라 일본군 상륙(인천)
	5월 8일	전주 화약 체결, 집강소 설치
	6월	청·일 전쟁(평양 전투), 일본군 승리
	6월 25일	일본군 경복궁 습격(갑오개혁)
제2차 농민 봉기 (1894년)	9월 12일	삼례 봉기
	10월	남북접 집결(논산)
	11월	우금치 전투(동학 농민군 패전)
	12월 2일	전봉준 체포(순창)
1895년	3월	전봉준 서울에서 처형

◀ 동학 농민 운동 1차, 2차 봉기

탐구 1 ▪ 전봉준과 고부 농민 봉기

강화도 조약이 맺어지고 부산과 원산, 그리고 인천이 개항되자 일본 신식 상품이 밀려 들어왔다. 우리나라에서 수공업으로 만드는 것보다 질이 좋고 값이 쌌다. 그러자 수공업으로 물건을 만드는 사람은 모두 망할 수밖에 없었다. 또 그 상품은 쌀이나 콩을 주고 사야 하는 것이었다. 강화도 조약에 우리나라 곡물이 얼마든지 일본으로 나가도 된다는 조항이 있었기 때문에 쌀과 콩은 고스란히 일본으로 실려 나갔다. 일본 상품이 들어올수록 우리나라에서 쌀과 콩이 줄어들었다. 남에게 땅을 빌려 농사를 짓고는 소작료를 땅주인에게 주는 소작농민은 물론이고, 자기 땅에 직접 농사를 짓는 농민마저도 쌀이 없어서 밥을 굶는 지경에 이르게 되었다. 방곡령을 내리기도 했으나 절차를 지키지 않았다는 이유로 많은 배상금만 물어주어야 했고 곡물이 일본으로 빠져나가는 것을 막지는 못했다. 이런 가운데 탐관오리가 휘두르는 수탈도 점점 심해지기만 했다. 돈을 주고 관직을 산 관리는 그 돈을 메우는 것과 더불어 더 높은 관직을 사기 위해 농민을 쥐어짰다.

전라남도 고부 군수로 부임한 조병갑도 백성을 쥐어짜 자기 배만 불리는 만행을 저질렀다. 있지도 않은 이름으로 세금을 만들어 쌀을 거두어들이고, 불효를 했다거나 사람들과 사이가 나쁘다는 등 말도 안 되는 죄를 뒤집어 씌워 옥에 가둔 다음 돈을 내면 풀어주었다. 또 자기 아버지 송덕비를 세운다며 돈을 강제로 거두었다. 이미 보(洑)가 두 개나 있는데도 새로운 보를 만들면 논에 대는 물 사용료를 받지 않겠다며 농민들을 동원해 만석보를 만든 다음, 가을이 되자 약속을 어기고 물 사용료를 거둬가는 횡포를 부렸다. 조병갑은 이런 횡포를 개선해 달라고 찾아간 농민들을 가두고 매를 때렸다.

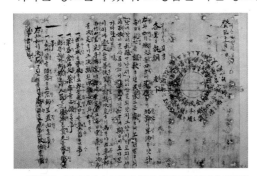

▲ **사발통문** 주모자가 누구인지 알지 못하도록 둥글게 이름을 적었다.

동학 접주였던 전봉준은 뜻을 모으는 사발통문을 돌리고 봉기를 계획했다. 1894년 1월 10일 새벽, 동지들과 농민들을 말목 장터에 모아 고부 관아로 쳐들어갔다. 이를 '고부 농민 봉기'라고 한다. 이 일이 조정에 전해지면서 도망가 있던 조병갑은 체포되어 서울로 끌려갔다. 그리고 군수로 온 박원명이 모든 잘못을 고치겠다고 약속하자 봉기한 농민은 흩어졌다.

탐구하기 고부에서 백성을 쥐어짜 봉기가 일어나게 한 군수는 누구인가요?

탐구 2 ─ 동학 농민 운동

고부 농민 봉기가 일어나자 조정은 이용태를 안핵사로 보내 책임지고 사태 수습을 하도록 했다. 그러나 이용태는 모든 책임이 봉기한 농민에게 있다며 주동자를 잡아 들였다. 이에 전봉준, 손화중, 김개남을 비롯한 동학 지도자가 앞장 서 3월 초 전라도 무장에서 보국안민(輔國安民, 나랏일을 돕고 백성을 편안하게 함)을 내걸고 봉기했다. 이것이 제1차 농민 봉기이다.

전봉준은 농민군을 이끌고 3월 20일 고부로 쳐들어갔고, 황토현에서 관군을 물리치고 정읍과 흥덕, 고창을 차지했다. 이어서 무장과 영광, 함평을 거쳐 4월 27일에 전주성을 점령했다. 다급해진 조정은 청나라에 구원병을 요청했다. 청나라가 군대를 보내자 톈진 조약에 따라 일본도 군대를 보냈다. 그러자 외국 군대가 들어와 나라가 위태로워졌으므로 전투를 중단해야겠다고 판단한 전봉준은 진압하러 온 홍계훈과 12가지 폐정 개혁을 약속하고 휴전을 맺었다. 이를 '전주 화약'이라고 한다. 이어 농민군은 전라도 각 읍마다 집강소라는 농민 자치 기구를 설치하고 개혁을 추진했다.

하지만 경복궁을 습격한 일본군이 고종을 위협해 내정을 간섭했다. 그러자 전봉준은 일본에 맞서 싸우기로 결심했다. 전라북도 삼례에서 농민군 4천여 명을 이끌고 일어났다. 이것이 제2차 농민 봉기이다. 제2차 농민 봉기는 일본으로부터 나라를 구하려고 일어난 것이라며 항일 의병이라고 불렀다. 전라도뿐만 아니라 다른 지역 동학교도도 참여한 봉기였다. 동학 농민군은 논산에 모여 공주로 쳐들어갔다. 관리도 뒤에서 농민군을 도와주었다. 전라감사 김학진은 식량을 대는 운량관을 맡아 전라 감영에 있던 곡식, 소와 말을 보내 주었다. 하지만 관군과 일본군은 군대와 무기를 모두 갖추고 우금치에서 기다리고 있었다. 동학 농민군은 손병희가 이끄는 호서군 10만 명, 전봉준이 이끄는 호남군 10만 명을 합쳐 20만 명이 넘었으나 신식 무기, 잘 훈련된 관군과 일본군을 당해낼 수는 없었다. 농민군 대부분이 목숨을 잃었고, 살아남은 농민군도 흩어지고 말았다. 전봉준은 새로운 투쟁 방법을 찾기 위해 서울로 올라가던 길에 들른 김경천 집에서 밀고로 체포되었고, 1895년 3월 서울에서 처형되었다.

▲ 서울로 호송되는 전봉준

🔍 **탐구하기** 동학 농민 운동을 이끈 지도자는 누구인가요?

탐구 3 ― 갑오개혁과 을미개혁

💡 군국기무처 설치와 제1차 갑오개혁

전주 화약을 맺은 조선 정부는 일본과 청나라에 군대 철수를 요청했다. 하지만 일본은 경복궁을 점령하고 개혁을 주도하는 군국기무처를 만들었다. 군국기무처는 입법권과 행정권을 아우르는 기구로 온건 개화파인 김홍집, 박정양, 유길준 등이 참여했다.

군국기무처는 6조(이·호·예·병·형·공) 체제인 행정 제도를 8개 아문(내무·외무·탁지[재정] 등)으로 바꾸고, 왕실 사무를 관리하는 궁내부를 설치해 왕실과 정부를 분리시켰다. 왕실이 정치에 개입할 수 없도록 만든 것이다. 또 세금을 돈으로 내도록 하고, 과거제와 신분제, 연좌제를 없앴다. 도량형을 통일하고 조혼을 금지하며 과부가 다시 결혼할 수 있도록 허용하기도 했다. 이를 제1차 갑오개혁이라고 한다.

💡 홍범 14조와 제2차 갑오개혁

조선을 차지하기 위해 청나라와 일본이 싸운 청·일 전쟁에서 승기를 잡은 일본은 군국기무처를 폐지하고 친일파인 박영효를 끌어들여 고종이 홍범 14조를 반포하도록 했다. 또 지방 제도를 개편하고, 새로운 사법 제도와 교육 제도를 만들었다. 이를 제2차 갑오개혁이라고 한다.

💡 을미사변과 을미개혁

1895년 청·일 전쟁에서 승리한 일본은 러시아와 손잡으려는 명성 황후를 시해하고(을미사변), 김홍집을 중심으로 친일 내각을 다시 구성했다. 김홍집 내각은 양력 사용, 소학교 설치, 우편 시작, 종두법과 단발령을 실시하는 개혁을 추진했다. 이를 을미개혁이라고 한다. 하지만 단발령이 발표되자 '부모님이 주신 신체와 터럭 하나도 다 귀중한 것'으로 여겨 상투를 자르라는 것과 국모를 죽인 일본이 시키는 대로 한다며 크게 반발했고, 전국에서 의병이 일어났다.

갑오년과 을미년에 걸쳐 실시된 개혁은 개화 의지와 동학 농민군 요구가 담긴 근대화 정책이었지만, 일본이 간섭하여 이루어진 것으로, 토지 제도와 군사 제도를 근대화하지 못했다.

🔵 탐구하기   제1차 갑오개혁 내용 중 세 가지를 쓰세요.

탐구 4 ─ 을미사변과 아관 파천

청·일 전쟁에서 일본이 승리한 뒤 조선은 일본으로부터 더욱 심한 내정 간섭을 받게 되었다. 이때부터 일본은 조선을 지배하려는 야심을 노골적으로 드러냈다. 일본이 청나라로부터 랴오둥 반도를 빼앗자 이를 못마땅하게 여긴 러시아가 독일, 프랑스와 손을 잡고 일본에 압력을 넣어 청나라로부터 빼앗은 랴오둥 반도를 돌려주게 했다. 이를 '삼국 간섭(1895)'이라고 한다.

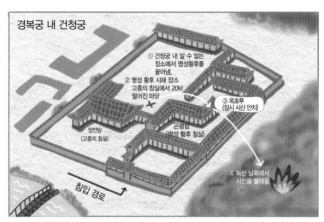

경복궁 내 건청궁

① 건청궁 내 알 수 없는 장소에서 명성황후를 끌어냄.
② 명성 황후 시해 장소 고종의 침실에서 20M 떨어진 마당
③ 옥호루 (잠시 시신 안치)
장안당 (고종의 침실)
곤령합 (명성 황후 침실)
④ 녹산 남쪽에서 시신을 불태움.
침입 경로

▲ **명성 황후 시해**(을미사변) 을미사변이 일어난 건청궁은 고종 내외가 거처하기 위해 지은 별궁이다. 명성 황후가 시해당한 곳이며, 일제에 의해 파괴되었다가 2007년 복원되었다.

삼국 간섭을 지켜 본 명성 황후는 러시아를 이용해 일본 세력을 조선에서 몰아내려 했다. 일본이 방해했으나 명성 황후가 친러 정책을 이어가자, 일본 공사 미우라는 일본인 자객을 앞세우고 경복궁에 침입해 명성 황후를 죽였다. 이를 '을미사변(1895)'이라고 한다.

신변에 위협을 느낀 고종은 이듬해 러시아 공사관으로 거처를 옮기는 '아관 파천(1896)'을 단행했다. 그러자 정치 주도권은 친러파에게로 넘어갔다. 친일 내각 대신에게는 척살령이 내려졌다. 총리대신 김홍집, 상공대신 정병하는 역적으로 몰려 경복궁 앞에서 군중에 의해 살해되었고, 어윤중도 용인에서 목숨을 잃었다. 유길준은

> **아관 파천**(俄館播遷) 아라사(러시아) 공사관으로 거처를 옮긴다는 뜻이다.

일본으로 망명했다. 친러 내각에서는 이범진, 안경수 등이 실권을 장악했다. 러시아는 우리나라 내정에 강한 영향력을 행사해 각부 고문을 모두 러시아인으로 임명했다. 고종은 1년 동안 러시아 공사관에서 머물렀는데, 삼림 채벌권, 광산 채굴권 같은 많은 이권이 러시아로 넘어갔다. 그러자 다른 열강도 조선 정부와 고종을 압박해 이익을 얻으려 했고, 조선은 수많은 자원을 다른 나라에 빼앗기는 신세가 되었다.

탐구하기 1. 명성 황후가 일본인 손에 시해된 사건은 무엇인가요?

2. 고종이 러시아 공사관으로 거처를 옮긴 사건은 무엇인가요?

해석 ● 세상을 바꾸는 개혁, 폐정 개혁 12개조

동학 농민군을 막는다면서 청나라군과 일본군이 들어오자 자칫 나라가 위태로워질 것을 염려해 동학 농민군은 잘못된 정치를 바로잡는 폐정 개혁 12개조를 조건으로 관군과 휴전했다.

1조   동학교도와 정부는 서로 원한을 씻고 모든 행정에 서로 협력한다.

2조   탐관오리는 그 죄를 조사해 엄하게 처벌한다.

3조   횡포를 부리는 부자는 엄하게 처벌한다.

4조   행실이 바르지 못한 선비와 양반은 벌을 준다.

5조   노비 문서는 불태워 버린다.

6조   천한 사람을 차별하는 것을 없애고, 백정이 자기 신분을 표시하기 위해 쓰는 모자인 평량갓(패랭이)을 없앤다.

7조   젊어서 과부가 된 여자는 다시 결혼을 할 수 있도록 허용한다.
  → 남자는 부인을 여의면 다시 결혼할 수 있었지만 여자는 남편이 일찍 죽어도 평생 혼자서 힘들게 살아야 하는 것을 바로잡아 여자도 다시 결혼할 수 있도록 하려는 것이었다.

8조   나라에서 정하지 않은, 필요 없는 세금은 모두 없앤다.

9조   관리를 뽑을 때 정해진 지역에서만 뽑는 것을 없앤다.
  → 지역 사이에 차별을 없애서 능력만 있다면 누구나 관직에 나갈 수 있도록 하려는 것이었다.

10조 일본과 통하는 자는 엄하게 처벌한다.

11조 모든 빚은 모두 없는 것으로 한다.
  → 백성이 빚을 많이 지고 있는 것은 부자나 탐관오리가 횡포를 부린 까닭이므로 모두 무효가 되게 하려는 것이었다.

12조 토지는 모두 공평하게 나누어서 농사를 짓게 한다.
  → 탐관오리나 부자가 땅이 많은 것은 백성에게서 빼앗은 것이므로 모두 공평하게 나누어 주려는 것이었다.

폐정 개혁 12개조는 백성이 고통 받는 정치·경제·사회·문화·신분제를 비롯해 모든 차별과 억압을 개혁하려는 뜻이 담겨 있다.

> **해석하기**   외국군이 들어오자 동학 농민군이 휴전 조건으로 내세운 폐정 개혁 12개조에 담겨 있는 뜻은 무엇인가요?

역사 토론

📍 아관 파천은 어쩔 수 없는 선택이었나?

토론 내용 고종은 일본이 조선에 침략하는 것을 막고자 러시아를 이용했고, 급기야 러시아 공사관에 몸을 피했다. 그러나 아관 파천을 계기로 열강은 조선에서 많은 것을 빼앗아 갔다.

 토론 **1. 외교력을 발휘한 것이다.**

고종이 아관 파천을 한 것은 일본으로부터 벗어나기 위한 것이었다. 일본 세력을 견제하고 국권을 회복하고 싶었기 때문에 일본에 맞설 수 있는 러시아에 기댄 것이다.

 토론 **2. 아니다. 다른 나라에 의존한 것이다.**

고종은 갑신정변과 동학 농민 운동 때에도 청나라 군대를 끌어들여 해결하려고 했다. 우리나라 문제를 외국 군대에 의지해 해결하려 했으므로 스스로 일어설 수 없는 나라가 된 것이다. 아관 파천도 러시아에 기대어 문제를 해결하려고 한 비굴한 태도였다.

 토론 **3. 그래도 외교력을 발휘한 것이다.**

청·일 전쟁으로 일본이 랴오둥 반도를 차지하자 러시아가 앞장 서 중국에 되돌려 주게 했다. 이렇게 강한 나라였기 때문에 우리나라도 일본으로부터 지켜줄 것이라고 생각했다. 일본을 막을 유일한 나라라고 여겼다.

 토론 **4. 아무리 그래도 다른 나라에 의존한 것이다.**

고종이 러시아 공사관에 머무르는 동안 자원을 다른 나라에 빼앗기는 이권 침탈이 벌어졌다. 그리고 러시아도 우리를 돕기보다는 겨울에도 얼지 않는 항구를 얻으려는 속셈이었다. 일본을 피해 러시아 공사관으로 갔던 것은 러시아를 지나치게 믿은 것이었다.

토론하기 고종이 선택했던 아관 파천은 외교력을 발휘한 선택이었을까요, 아니면 외세에 지나치게 의존했던 것일까요? 자기 생각을 밝히고, 그 까닭을 쓰세요.

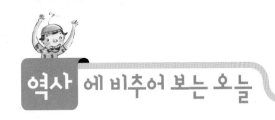

◐ 다음 글을 읽고, 물음에 대한 생각을 써 보세요.

　　요즘도 벌어지고 있는 농민 시위는 산업화가 되면서 농업에 대한 중요성이 떨어지고 1980년대가 되면서 농산물 수입 개방이 점점 많아지는 등 농민이 살기가 어려워졌기 때문이다.

　　세계 무역 기구(WTO)가 만들어지고 나라에서 쌀을 한꺼번에 사들이는 수매 제도가 없어졌으며, 여러 나라와 자유 무역 협정(FTA)을 맺으면서 농산물 수입 개방이 이루어져 국산 농산물 가격이 폭락했다. 농사에 필요한 비용은 점점 높아지지만 농업으로 거둘 수 있는 수익이 점점 내려가자 농민들은 생존에 큰 위협을 느끼게 되었다.

　　우리나라 식량 자급률이 30%에도 미치지 못하는데 지나친 수입 개방과 농업을 살리는 정책을 펴지 않는 정부를 향해 제도를 수정하라고 요구하고 있다. 자유 무역 협정은 공산품을 수출하기 위해 농업을 포기하는 정책에 저항해 애써 가꾼 벼나 배추 같은 농산물을 수확하지 않고 논밭을 갈아엎어 버리기도 한다. 또 벼를 도로에 뿌리며 쌀값이 폭락한 것을 알리려 하고, 트랙터를 몰고 서울로 올라와 시위를 벌이는 '아스팔트 농사'를 지으며 어려운 농업 현실을 보여 주려고도 한다.

　　이런 농민 시위를 보며 나라를 발전시키기 위해서 어쩔 수 없이 한 수입 개방을 자신에게 불리하다며 반대하고 자기들만 잘 살려고 한다는 비판도 있다. 하지만 생존권을 지키면서 우리나라 농업을 지켜내기 위한 애국심에서 나온 것이라고 보는 사람도 많다.

　　농민들이 '농업 없는 국가는 존재할 수 없다.'라고 주장하는 것과 선진국은 공업뿐만 아니라 농업도 발전한 나라라는 것을 보면 농업을 지키는 것이 나라를 지키는 가장 중요한 일이라는 것을 알 수 있다. 국가 안보는 군사력이 아니라 식량을 지키는 식량 안보가 더 중요하기 때문이다.

✂ **생각열기**　**1.** 동학 농민 운동은 반외세·반봉건 성격을 갖고 있으면서 당시 토지 재분배 등 농민들이 필요로 하는 정책을 나라에 요구하기도 했습니다. 오늘날 농민이 겪고 있는 문제는 어떤 것이 있을까요?

　　　

2. 우리가 농업을 지켜야 하는 까닭은 무엇일까요?

09 독립 협회와 을사늑약

학습 목표

❶ 독립 협회 활동 내용을 파악할 수 있다.

❷ 대한 제국과 광무개혁 내용을 알 수 있다.

❸ 을사늑약이 체결된 과정과 내용을 알 수 있다.

❹ 헤이그 특사 파견이 실패한 이유를 설명할 수 있다.

◀ **(좌)환구단의 황궁우**(광무 원년, 1897)환구단은 하늘에 제사를 지내는 제천단이다. 10월 고종 황제 즉위를 앞두고 남별궁(南別宮) 터에 환구단을 쌓았고, 10월 11일 고종이 백관을 거느리고, 친히 환구단에 나아가 천신에게 고하며 제사를 지낸 후 황제에 즉위하였다.

◀ **(우)독립문**(사적 제32호, 서울 서대문구 현저동) 고종 광무 원년(1897)에 건립되었다. 독립 협회가 영구 독립을 선언하기 위하여 청나라 사신을 영접하던 영은문 자리에 전국민을 상대로 모금 운동을 하여 세웠다.

탐구 1 ― 독립 협회

고종이 아관 파천을 하자 러시아는 함경북도 경원, 종성에 있는 광산 채굴권과 두만강 압록강 유역과 울릉도 삼림 채벌권, 동해에서 고래를 잡는 포경권을 빼앗아갔다. 그러자 미국은 경인선 철도 부설권, 평안북도 운산 금광 채굴권, 프랑스는 경의선 철도 부설권을 차지했다. 일본, 독일, 영국도 우리나라 자원과 국토 개발권을 차지했다. 이렇게 개발권과 이권을 빼앗기자 자주독립을 지키려는 운동이 활발해졌다.

갑신정변 때 미국으로 망명했다가 사면되어 돌아온 서재필은 교육으로 독립을 이루어야 한다며 신문을 발간했다. 정부가 하는 일을 국민이 알게 하고 다른 나라가 조선에서 무엇을 하고 있는지 일깨워 주려는 것이었다. 정부에서 신문 발간 비용을 지원받고 개화파로부터 후원을 받아 1896년 우리나라 최초 민간 신문인 《독립신문》을 창간했다.

《독립신문》은 한글과 영어로 4면이 발행되었는데 광고도 한글로 실었고, 띄어쓰기도 되어 있었다. 논설을 비롯해 국내 정치 활동을 소개했다. 전제 군주제를 입헌 군주제로 개혁하고, 의회를 설립해 외국과 체결하는 조약을 감독하고 비준해 열강으로부터 나라를 지키면 국민 권리도 높아진다고 주장했다.

또 아관 파천으로 손상된 나라 권위를 되찾고 자주국임을 세계만방에 내세우자고 했다. 청나라 사신을 맞이하던 영은문 자리에 국민 성금을 모아 독립문을 세웠다. 독립 협회를 창립해 토론회와 연설회를 열었다. 독립 협회가 활발하게 활동하며 1897년 2월에는 고종에게 러시아 공사관에서 나와 환궁할 것을 호소했다. 9월에는 러시아가 부산 절영도를 조차하려 했으나 반대 운동을 전개해 취소시켰다. 러시아가 석탄 기지로 쓰겠다며 군대를 상륙시키고 우리 정부를 압박해 승인을 받아내려 했으나 독립 협회가 대중 운동으로 막아냈다.

> **만민 공동회** 시민, 상인, 지식인들이 자유롭게 참여해 공개된 자리에서 강연, 웅변, 연설, 토론 등을 하고 나라에 건의할 사항을 결정하는 민중 대회였다.

이듬해 3월에는 서울 종로에서 만민 공동회를 처음으로 개최했다. 만민 공동회에서는 제국주의 이권 침탈과 침략에 반대하는 운동을 벌였고, 나라를 바로잡는 건의문인 헌의 6조를 올렸다. 하지만 독립 협회가 황제를 폐위하고 공화정으로 바꾸려한다는 소문이 돌자 고종은 보부상 단체인 황국 협회를 동원해 강제로 해산시켰다.

 탐구하기 서재필이 독립 활동을 위해 세운 단체는 무엇인가요?

탐구 2 ~ 대한 제국과 광무개혁

1897년 경운궁(덕수궁)으로 환궁한 고종은 하늘에 제를 올리는 환구단을 세우고 황제 즉위식을 거행했다. 대한 제국을 선포하고 '광무'라는 독자 연호를 사용했다. 연호를 본딴 광무개혁은 '옛것을 근본으로 삼고 새것을 참고 한다.'라는 구본신참(舊本新參)을 원칙으로 삼았다.

☀ **정치 개혁** 관리 임명권, 군대 통솔권, 입법권, 행정권 등을 그대로 이어받는 전제 군주제를 바탕으로 하고 지위를 황제로 높였다. 1899년에는 〈대한국 국제〉를 반포해 황제권을 뒷받침했다.

대한국 국제(일부)

제1조 대한국은 만국이 공인한 자주독립 제국이다.
제2조 대한 제국의 정치는 만세 불변의 전제 정치이다.
제3조 대한국 대황제는 무한한 군권(君權)을 누린다.
제6조 대한국 대황제는 법률을 제정하여 그 반포와 집행을 명하고, 대사·특사·감형 복권을 명한다.
제8조 대한국 대황제는 문무 관리의 임명과 파견의 권리를 갖는다.
제9조 대한국 대황제는 각 조약의 체결 국가에 사신을 파견하고, 선전·강화 및 제반 조약을 체결한다.

〈고종실록〉

☀ **군대 개혁** 무관 학교를 세워 장교를 육성하고 황제가 직접 통솔하기 위해 원수부를 설치했다. 또 징병제로 중앙 군사 조직인 시위대와 지방 군사 조직인 진위대에 군인 수를 크게 늘렸다.

☀ **경제 개혁** 국가 재정을 확보하기 위해 토지를 조사하는 양전 사업을 실시하고 토지 소유권을 증명하는 지계를 발급해 실제 경작되는 농지를 정확하게 파악하고, 세금을 거두었다.

☀ **식산흥업 정책** 서양 기술과 기계를 적극 도입해 상공업을 진흥시키는 식산흥업 정책으로 많은 공장과 회사가 세워졌다. 외국에 유학생을 파견하고 실업학교와 기술 교육 기관도 세웠다. 전화·우편·전보망을 만들고 전차와 철도를 부설하는 등 교통 통신 산업도 발전시켰다.

☀ **기타** 해외 주민을 관리하기 위해 연해주에 해삼위통상사무를 설치했다. 그리고 간도에는 이범윤을 관리사로 파견했다.

탐구하기 고종은 1897년 황제 국가임을 선포하고 나라 이름을 무엇으로 바꿨나요?

탐구 3 ➡ 을사늑약

러시아와 일본이 우리나라를 두고 대립하자 고종은 국외 중립을 선언했다. 그러나 러·일 전쟁을 일으킨 일본은 서울을 점령한 뒤, 우리나라 어디든 군사 기지를 세울 수 있는 '한·일 의정서'를 강제로 체결했다.

1905년 일본 총리 가쓰라와 미국 특사 태프트가 미국은 필리핀을, 일본은 대한 제국을 각각 지배하는 것을 인정하는 '가쓰라-태프트 밀약'을 맺었다.

그 해 8월에는 영국과 제2차 영·일 동맹을 맺어 대한 제국 지배권을 인정받았다. 9월에는 러·일 전쟁을 끝내는 회담이 포츠머스에서 열렸다. 이때 러시아도 일본이 대한 제국을 지배하는 것에 동의함으로써 대한 제국을 돕는 나라는 어디에도 없게 되었다.

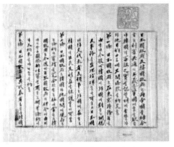

▲ 제목도 비준 서명도 없는 을사늑약

대한 제국에 대한 독점 지배를 인정받은 일본은 군대로 궁성을 포위하고 고종과 대신들을 위협해 조약을 강요했다. 백성이 궁궐을 둘러싸고 조약 반대 시위를 벌였으나 을사오적 이완용, 이지용, 이근택, 박제순, 권중현을 앞세워 외교권을 일본에 넘기는 조약을 체결했다. 그러나 고종은 이 조약을 승인하지 않았고 도장도 찍지 않았다. 강제로 맺은 조약이기 때문에 '늑약'이라고 한다.

고종은 을사늑약이 무효임을 선언하고 미국에 도움을 청하기 위해 밀서를 보냈지만 묵살 당했다. 또 세계에 알리고 도움을 받기위해 1907년 네덜란드 헤이그에서 열린 만국 평화 회의에 특사를 보냈지

을사늑약 5개 조항

제1조 대한 제국이 외국에 대하는 관계 및 사무를 일본이 감리, 지휘한다.
제2조 대한 제국은 일본 중재 없이 다른 나라와 조약을 체결하지 않는다.
제3조 일본국 정부는 궐내에 통감 1명을 두어 외교를 관리한다.
제4조 일본국 정부와 대한 제국 간에 현존하는 조약 및 약속은 본 협약에 저촉하지 않는 한, 모두 그 효력을 계속하는 것으로 인정한다.
제5조 일본국 정부는 대한 제국 황실에 대한 안녕과 존엄을 유지하기를 보증한다.

만 큰 성과를 얻지 못했다. 이준, 이상설, 이위종이 갔으나 일본이 방해해 참석조차 할 수 없었다. 일본은 헤이그 특사 사건을 문제 삼아 고종을 강제로 퇴위시키고 군대를 해산시켰다.

🔍 **탐구하기** 1905년 을사늑약 체결에 앞장 선 을사오적 5명을 쓰세요.

해석 1 ～ 〈헌의 6조〉에는 어떤 뜻이 담겨 있나?

1898년 10월 28일에서 11월 2일까지 종로에서 열린 관민 공동회에서 6개로 된 국정 개혁안이 결정되었는데, 바로 '헌의 6조'이다. 개혁 원칙 6개항을 결의해 황제에게 '헌의한다'라는 뜻이다.

1조는 국권, 2조는 이권, 3조는 나라 살림, 4조는 재판, 5조는 관리 임명, 6조는 행정에 대한 내용이다.

제1조 관민이 단결하여 외국인에게 힘을 빌리지 않고 자주독립을 확고히 지켜 자주 국권을 견고히 할 것을 결의한다. → 밀려드는 외세에 맞서 나라를 지켜내자는 뜻이 들어 있다.

제2조 광산·철도 등 이권에 관한 조약 체결은 중추원 의장이 서명 날인을 해야 시행할 수 있게 함으로써 정부 단독 시행을 막아 국민 힘으로 이권 침탈을 막고 국권을 지키게 한다. → 아관 파천 때부터 이권 침탈이 심해져 자원과 자본이 외국인 손에 넘어가게 된 것을 막아내자는 뜻이 담겨 있다.

제3조 재정은 모두 탁지부가 전담하여 맡고 예산과 결산을 국민에게 공포한다. → 나라 재정을 투명하게 운영해서 튼튼한 나라를 만들자는 뜻이 담겨 있다.

제4조 공개 재판 제도를 도입하여 국민들에게 자유 민권을 보장한다. → 형벌 제도를 근대화하자는 뜻이 담겨 있다.

제5조 칙임관 임명은 황제가 자의로 하지 못하게 하고 정부가 의결에 의하여 임명하도록 한다. → 관리를 황제가 마음대로 임명하는 게 아니라 절차에 따라 공정하게 임명하자는 뜻이 담겨 있다.

제6조 갑오개혁 때의 홍범 14조와 정부 각 부처의 장정을 실천할 것의 결의로서, 입헌 정치와 법치 행정을 요구한다. → 법률로 나라를 다스리자는 뜻이 담겨 있다.

나라가 외세에 굴하지 않고 나라를 지켜내어 국민 모두가 잘 살 수 있게 함으로써 나라를 개혁하자는 뜻을 담았다.

고종은 처음에는 '헌의 6조'를 받아들였으나 황제를 폐지하고 공화정을 세우려한다는 소문이 돌자 거부했다. 관민 공동회는 더 이상 열리지 못하고 독립 협회도 해산되었다.

해석하기 고종이 '헌의 6조'를 거부한 까닭은 무엇인가요?

해석2 ━ 헤이그 특사 파견은 왜 실패했나?

　　1905년 을사늑약이 체결되자 대한 제국은 대외 교섭 통로가 모두 막혀버렸다. 공식 통로가 없어지자 특사를 보내 비밀 외교를 할 수밖에 없었다. 미국 사람인 헐버트에게 밀서를 보내 미국 정부에 호소했으나 실패했고, 여러 나라 지도자에게 편지를 보냈으나 아무도 응답하지 않았다.

　　고종은 크게 실망했으나 러시아만큼은 도와줄 것이라고 기대했다. 아관 파천 때도 도움을 받았고 많은 이권을 러시아에 주었으며, 니콜라이 황제 대관식에도 축하 사절을 보내는 등 두 나라 사이가 가깝다고 생각했다. 고종은 1907년 6월 네덜란드 헤이그에서 열리는 만국 평화 회의 의장국이었던 러시아를 믿고 특사를 보내기로 결심했다. 만주에서 국권 회복 운동을 하고 있던 이상설, 검사였던 이준, 러시아 공사 아들인 이위종을 특사로 임명했다.

　　그리고 러시아 황제에게 친서를 보내 특사 활동을 도와 달라고 했으나 러·일 전쟁을 치른 뒤 더 이상 일본과 싸우지 않기로 했기 때문에 거절당했다. 또 만국 평화 회의는 강대국들이 식민지를 어떻게 나누어 가질 것인가를 의논하는 회의였다. 그 회의에서 말하는 평화는 식민지 쟁탈전에서 제국주의 열강이 서로 싸우지 말자는 것을 뜻했다. 여기에 제국주의 침략을 비판하는 특사를 보낸 것은 국제 정세를 제대로 읽지 못한 결과였다.

　　특사단은 회의장에 들어가지 못했으나 〈만국평화회의보〉에 호소문을 실었다. 기자 회견을 통해 일본이 국제법을 무시하고 무력을 사용해 국권을 빼앗았다는 것을 고발했다. 비록 만국 평화 회의에 참석할 수는 없었지만, 을사늑약이 부당하다는 것을 알릴 수 있었다.

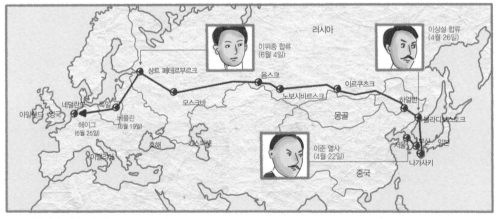

▲ 64일간 여정, 헤이그 특사

　해석하기　고종이 파견한 헤이그 특사가 실패한 까닭은 무엇인가요?

역사 토론

을사늑약이 무효인 가장 큰 까닭은 무엇일까?

토론 내용 1905년에 일본이 대한 제국 외교권을 빼앗기 위해 맺은 조약을 그동안은 '을사조약'이라고 불렀다. 하지만 지금은 '을사늑약'이라고 부른다. 조약이 성립될 수 있는 요건을 제대로 갖추지 않고 강제로 맺었기 때문이다.

 1. 제목도 없고 형식도 갖추지 않은 조약이기 때문이다.

을사늑약은 조약 조인서에 제목인 표제도 없었고, 황제를 대신해 조약을 맺는 사람이 받아야하는 위임장이 없었다. 조약에 참여한 일본 대표도 일본 왕으로부터 위임장을 받지 않았다. 조약에 사용한 우리나라 외부대신 도장도 훔쳐 찍었다.

외교권과 내정권을 넘겨주는 중요한 조약인데도 걸맞는 형식과 내용을 갖추지 않았으나 일제는 정식 조약을 맺은 것처럼 다른 나라에도 알리고 우리나라도 강제로 차지했다.

 2. 고종은 도장을 찍지 않았기 때문이다.

고종은 조약 체결을 승인하지 않았고, 조약을 맺은 뒤에도 비준 도장을 찍지 않았다. 나라를 대표하는 황제가 도장을 찍지 않은 조약은 효력이 없다.

그리고 고종은 일제가 총칼로 위협해 조약을 강제로 맺었다는 것을 전 세계에 널리 알리려고 했다. 헤이그에 특사를 보낸 것도 을사늑약을 무효로 만들기 위한 외교 활동이었다.

 3. 일본군이 궁궐을 포위하고 강제로 맺었기 때문이다.

조약을 체결할 때 이토 히로부미는 일본군을 이끌고 궁궐을 몇 겹으로 포위했다. 고종 집무실인 중명전(수옥헌)까지 무장 병력을 이끌고 들어가 황제를 협박하고 대신들을 위협했다. 조약 체결을 원하지 않는 상대를 위협해서 맺은 조약은 무효이다. 을사늑약은 대한 제국과 일본이 자유로운 의사에 의한 합의로 맺은 조약이 아니기 때문에 조약으로써 효력이 없다.

토론하기 을사늑약이 무효인 가장 큰 까닭은 무엇일까요? 자기 생각을 밝히고, 그 까닭을 쓰세요.

● 고종은 을사늑약이 무효임을 알리기 위해 여러 활동을 했습니다. 고종이 벌인 활동에 대해 생각해 봅시다.

고종이 을사늑약이 무효임을 전 세계에 알리는 친서가 공개되었다.

2016년 11월 18일 SBS는 '을사늑약은 무효, 고종 항일 친서 공개'라고 한 기사에서 고종이 을사늑약이 무효임을 밝히는 친서가 공개되었다고 보도했다.

이 친서는 미국 컬럼비아대학교 도서관 희귀 문서실에 보관되어 있다. 을사늑약이 체결된 직후에 고종이 헐버트에게 준 것으로 미국, 영국, 프랑스, 독일, 러시아, 오스트리아, 헝가리, 이탈리아, 벨기에 9개 나라에 보내기 위한 것이었다.

이 친서에는 을사늑약은 일제가 무력으로 위협해 강제로 체결된 것이고, 자신은 조약 체결을 허가한 적이 없으며 강제로 맺은 것은 국제법을 어긴 것이므로 무효라고 밝히고 있다.

영문과 한문으로 작성된 친서는 정중하고 공손하며 분명한 문체로 되어 있다. 헐버트가 고종 황제 비밀 특사 자격으로 헤이그 만국 평화 회의에 전하려했지만, 일본이 농간을 부려 1년 연기되었고, 고종이 퇴위당하면서 끝내 전달되지 못했다.

그동안 드라마나 영화 등에서 고종은 일제가 나라를 빼앗으려 하는데도 아무것도 하지 않은 무기력한 왕으로 그려져 왔다. 전기를 들여오고 식산흥업 정책으로 산업을 부흥시켜 나라를 부강하게 만들려고 했던 노력이나 자주독립 국가를 만들려고 했던 것은 묻혀버리고 나라를 빼앗긴 결과만 보고 무능한 왕으로 생각해왔다. 일제가 우리나라를 강제로 빼앗은 것에 대한 책임이 고종에게 있는 것으로 만든 것이다.

그러나 이 친서가 발견되면서 고종을 다시 생각하는 기회가 되고 있다. 나라를 지키려고 많은 노력을 했으나 국력이 약한 한계 때문에 결국 일제 강점을 당할 수밖에 없었던 아픈 역사를 되돌아보게 한다.

✂ 생각열기 이 친서가 고종을 무기력한 왕이라고 여기는 생각을 바꿀 수 있을까요?

_____

_____

_____

_____

10

근대 문물이 들어오다

학습 목표

❶ 근대 문물 이후 변화된 의식주 문화를 알 수 있다.
❷ 근대 교육 도입과 발달 과정을 설명할 수 있다
❸ 교통, 통신, 전기 등이 가져온 변화 모습과 의미를 이해할 수 있다.
❹ 새로운 문물 도입으로 좋아진 점과 나빠진 점을 파악할 수 있다.

교과 연계

초등사회 6-1   ⊘ **2. 근대 국가 수립을 위한 노력과 민족 운동**
     2) 자주독립 국가의 선포

중등역사 2(비상)   ⊘ **1. 근대 국가 수립 운동과 국권 수호 운동**
     4) 근대 문물의 수용과 사회·문화의 변화

중등역사 2(미래엔)   ⊘ **1. 근대 국가 수립 운동과 국권 수호 운동**
     4) 신문물의 수용과 사회·문화의 변화

중등역사 2(천재)   ⊘ **1. 근대 국가 수립 운동과 국권 수호 운동**
     4) 근대 문물의 수용

◀ **제중원** 우리나라 최초의 서양식 병원으로 1885년 선교의사 알렌의 건의로 세워졌다. 광혜원에서 제중원으로 이름을 바꾸었으며 이후 세브란스 병원으로 바뀌게 되었다.

탐구 1 ➡ 근대식 기관이 세워지다

　나라 문이 열리고 여러 나라와 교류하면서 받아들인 새로운 문물을 바탕으로 여러 근대식 기관이 세워졌다.

💡 **기기창**　개화파를 중심으로 '서양 기술과 무기 제조법을 배워야 한다.'는 목소리가 높아졌다. 그래서 정부는 청나라에 파견한 영선사가 배워 온 무기 제조 기술을 바탕으로 서양식 무기를 만드는 기기창을 세웠다.

💡 **박문국**　일본에 다녀온 박영효가 서양 인쇄 기술을 들여오면서 인쇄와 출판을 위한 박문국을 세웠다. 신문을 발행하고 정부가 하는 일을 홍보했다. 1883년 최초로 근대식 신문인 한성순보를 발행했다. 열흘에 한 번씩 한문으로 나라 안팎에서 일어난 일을 전했다.

💡 **전환국**　화폐를 찍어내는 전환국을 설치해 유통되는 화폐량을 조절했다.

💡 **제중원(광혜원)**　갑신정변 때 고종은 미국인 외과의사 알렌을 왕실 의사로 임명하고 우리나라 최초 서양식 근대 의료 기관인 광혜원을 설립했다가 제중원으로 이름을 바꾸었다. 알렌은 학생을 선발해 의학 교육을 실시했다.

💡 **우정국**　근대식 우체국인 우정국을 세우고 만국 우편 연합이라는 국제기구에 가입하면서 외국과 우편 업무도 가능해졌다.

💡 **근대식 학교**　서양 학문에 대한 관심이 높아지면서 근대식 학교를 세워 서양식 교육을 했다. 처음 세운 근대 학교인 원산 학사는 원산 지역 사람들이 힘을 모아 세운 사립 학교다. 새로운 학문과 외국어를 가르쳤다. 개신교 선교사들은 배재 학당, 이화 학당, 정신여학교 등을 세우고 남성과 여성이 똑같이 교육을 받아야 한다고 주장했다. 정부는 소학교, 중학교, 기술학교, 외국어 학교 등 다양한 관립 학교를 세웠다. 육영 공원에는 헐버트를 비롯한 미국인 교사를 초빙해 주로 양반 자제에게 신학문과 외국어를 가르쳤다.

🔍 **탐구하기**　다음 빈칸에 들어갈 근대 기관을 쓰세요.

하는 일	근대 기관 이름
서양식 무기를 만들었다.	
신문을 발행하고 정부가 하는 일을 홍보했다.	박문국
화폐를 찍어내고 유통되는 화폐량을 조절했다.	
서양식 의료와 의학 교육을 실시했다.	제중원

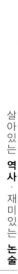

탐구 2 ─ 달라진 의식주 문화

여러 나라에서 신문물이 들어오자 사람들이 사는 모습도 바뀌었다.

의생활　신문물은 사람 모습을 머리부터 발끝까지 바꾸어 놓았다. 거리에는 색깔과 모양이 다양한 서양 옷을 입은 사람이 나타났다. 상투를 자르고 양복을 입고 양말과 구두를 신었다. 서양 옷을 입지 않아도 저고리 위에 한복을 서양식으로 개량한 마고자와 조끼를 입는 사람도 많아졌다. 여성 양장을 본떠 만든 개량 한복도 등장했다. 치마 길이가 짧아지고 활동하기 편하게 바뀐 개량 한복은 여학생 교복이나 신여성이 입는 옷차림으로 자리 잡았다. 여성도 외출과 사회 활동이 활발해지면서 두루마기를 외출복으로 입었고 얼굴을 가리던 장옷이나 쓰개치마가 점차 사라지고 양산을 들었다.

고종도 근대화된 나라를 만들기 위해 스스로 전통 제복을 벗고 서양식 양복을 입었다. 머리모양도 서구식으로 바꾸었다. 단발이 널리 퍼지면서 서양식 모자도 인기를 끌었다.

식생활　음식과 식생활에도 큰 변화가 있었다. 남녀와 신분을 구별해 따로 먹던 식사법이 한자리에 둘러앉아 먹는 것으로 바뀌었다. 젓가락과 숟가락만이 아니라 포크와 나이프를 사용하기도 했다. 커피와 홍차 그리고 서양에서 들어온 과자와 가공식품도 널리 퍼졌다. 청나라 상인이 만두와 찐빵을 만들어 팔기도 했다. 또 초밥, 우동, 어묵, 단무지, 청주 같은 일본 음식도 들어왔다. 외래 음식이 서민 음식에까지 영향을 주면서 한식과 외래식 혼합 시대를 열었다.

주생활　신분에 따라 집 크기를 제한받던 주택 문화에도 변화가 일어났다. 건축 양식도 제한을

▲ 덕수궁 석조전

받지 않고 자유롭게 집을 지을 수 있었다. 서울을 비롯해 부산, 인천, 원산 같은 개항장에 여러 나라 공사관과 영사관이 세워지고 서양인과 일본인이 살게 되면서 서양식이나 일본식 건물이 세워졌다. 관청이나 학교, 상업용 건물, 종교 시설에도 여러 근대식 건물이 생겨났다.

탐구하기　서양 여러 나라 문화가 들어오면서 새롭게 전해진 음식에는 어떤 것이 있나요?

탐구 3 ➖ 전기로 달라진 생활

　1883년 미국에 파견된 '보빙사' 사절단이 전기로 켠 등불을 보고 돌아와 고종에게 전기를 들여오자고 건의했다. 에디슨 전기회사와 계약을 맺고 1887년 전기를 생산하는 발전 설비를 향원정 연못가에 세웠다. 생산된 전기로 건청궁에 100촉짜리 전등에 불을 밝혔다. 이어서 경복궁 전체에도 전등을 설치했다.

　향원정 연못물을 끌어올려 전기를 생산해서 전깃불을 '물불'이라고 부르기도 하고, 연못물이 뜨거워져 물고기가 떼죽음을 당하는 일이 벌어져서 물고기를 끓인다는 뜻으로 '증어'라고 부르기도 했다. 또 석탄으로 발전기를 돌렸는데 기계 소리가 너무 커서 전등을 '덜덜불'이라고 했고, 불안정한 전력 때문에 제멋대로 켜졌다 꺼졌다 한다 해서 '건달불'이라고도 불렸다. 하지만 밤이 되어도 세상이 밝으니 잠을 잘 수 없었고 요란한 소음 때문에 잠들기가 어려워 궁궐에서 지내는 사람들은 불편을 호소하기 시작했다. 뿐만 아니라 물고기가 떼죽음 당한 것을 귀신이 노했기 때문이라는 흉흉한 소문까지 돌았다.

　근대 문물 도입에 적극 참여했던 고종은 서울 지역에 전차·전등·전화 사업을 위해 미국인 콜브란에게 한성 전기 회사를 설립하게 했다. 전기를 이용할 수 있게 되기는 했으나, 전기를 생산하는 비용과 외국 기술자에게 주어야 하는 돈이 많이 들었다. 하지만 고종은 전기 사업을 계속 지원했고 경운궁(덕수궁)과 창덕궁에도 전등이 설치되었다. 궁궐에서만 볼 수 있던 전등이 얼마 지나지 않아 저자거리에도 등장하게 되었다. 한성 전기 회사에서는 종로 네거리에 전등 세 개를 달았는데, 이것이 우리나라 최초 가로등 설치였다. 가로등이 세워지면서 밤에도 오가는 사람이 많아졌다. 상인에게 판촉

▲ 전기시등도(한국전력 전기박물관)

활동을 벌인 끝에 한성 전기 회사는 약 600개 전구를 점등하는 데 성공했다. 일반 가정에도 전등을 보급했으나 전기 요금이 비싸서 웬만한 부자가 아니고는 사용할 수 없었다.

> ○ **탐구하기**　건청궁에 처음 전등이 설치된 이후 일반 백성에게는 보급되지 못한 까닭은 무엇인가요?

탐구4 ● 전차와 전화가 들어오다

한성 전기 회사가 설립되고 우리나라에서도 전차를 운영하기 시작했다. 전차는 전기 힘으로 달리는 차라는 뜻이다. 전차 부설권을 얻은 콜브란이 일본인 기술자를 불러 서대문에서 종로와 동대문을 거쳐 청량리에 이르는 전차 노선을 건설했다. 이때 전차는 정류소가 정해져 있지 않았고 아무 데서나 손을 들면 태우거나 내려주었다. 전차 요금이 비쌌으나 신기하게 여긴 사람이 전국에서 몰려들었다. 종로 거리에서 5살 어린아이가 전차에 치어 죽는 사건이 발생하자 사람 죽이는 전차라며 부수고 불태우는 사건이 일어나기도 했다.

하지만 타려는 사람은 늘어만 갔고 '전차타기로 집안이 망한다.'는 말이 생길 정도였다. 1907년 전차가 이동하기 편리하도록 동대문과 남대문 성벽 일부를 허물고 성문 밖까지 노선을 확장했다. 일제 강점기를 거치는 동안 전차 선로는 서울 전역으로 연결되었고, 주요 노선에는 대부분 복선 철로가 놓여졌다. 전차 노선도 늘어나고 값도 저렴해지면서 중요한 교통수단이 되었다.

1896년 궁궐에 처음으로 전화가 설치되었다. 텔레폰이란 외국말을 한자로 바꾸다보니 '덕률풍' '덕진풍'이라고 불렀다. 말을 전하는 기계라는 뜻으로 '전어기'라고도 했다. 처음 전화가 들어왔을 때는 황제가 내리는 명을 정부대신에게 전달하는 목적으로 사용했다. 그래서 궁에서 전화를 받을 때에는 큰절을 하고 무릎을 꿇고 통화를 했다. 황제에게 전화를 걸 때는 의관을 갖추고 전화기에 네 번 절을 했다. 고종은 명성 황후가 묻힌 홍릉에 전화를 설치해서 매일 안부를 묻기도 했다.

1898년에는 궁궐과 인천 사이에도 전화가 개통되었다. 고종이 이 전화로 사형수인 김구를 살린 일도 있었다. 김구는 1896년 일본 중위 '쓰치다'를 명성 황후 시해범으로 여겨 죽인 죄로 사형 선고를 받았다. 그러나 고종은 사형 집행 당일 전화를 걸어 집행을 멈추라고 지시했다. 전화가 개통된 지 3일째 되는 날이었다.

🔘 **탐구하기** 분노한 사람들이 전차를 부수고 불태운 까닭은 무엇인가요?

해석 · 일본이 건설한 철도는 누구를 위한 것이었나?

수신사 통역관으로 일본에 다녀온 박기종은 철도 회사를 세워 부산에서 서울까지 철도를 부설하려는 계획을 세웠다. 하지만 일본 방해로 무산되고 말았다.

▲ 경인선 철도 개통 기념일 행사

일본은 대한 제국이 스스로 철도를 건설해 운영하는 것을 막기 위해 미국이 가지고 있던 경인 철도 부설권을 사들여 1899년 노량진과 제물포를 오가는 경인선을 건설했다. 첫 기관차에는 일장기와 성조기를 동시에 걸어서 미국과 일본이 합작한 철도라는 것을 나타냈다. 걸어가면 12시간이나 걸리는 길을 1시간 40분 만에 갈 수 있게 되었으나 요금이 매우 비쌌다.

경인선 뒤를 이어 1905년 서울과 부산을 잇는 경부선이, 1906년 서울과 신의주를 연결하는 경의선이 개통되었다. 일본은 철도 부설권을 장악하고 전쟁과 수탈에 이용했다.

일본은 철도가 설치된 토지 대부분을 강제로 빼앗았고, 철도를 통해 얻은 수익을 모두 가져갔다. 또 막대한 공사 재료를 약탈했고, 많은 사람을 강제로 동원해 하루에 열두 시간 넘게 일을 시키면서 임금도 거의 주지 않았다. 이렇게 건설된 철도는 일본이 한반도에서 식량과 광산 자원을 약탈해서 중국과 러시아에 있는 일본 군인에게 보내는 데 사용되거나 일본 상품을 조선에 신속하게 들여오는 데 쓰였다. 철도로 인해 생활이 편리해진 반면 침략 속도는 점점 빨라졌고, 백성은 삶이 더욱 어려워졌다. 대한 제국 경제는 계속 침체되었고, 백성은 철도 건설에 숨겨진 일본 침략성에 분노했다.

많은 애국지사가 부설된 철도를 파괴하고 철도 공사와 열차 운행을 방해하는 활동을 벌였다. 이 과정에서 체포되어 사형과 감금, 고문을 당하기도 했다.

철도뿐 아니라 전화나 전신도 일본이 침략을 가속화하는 데 한 몫을 했다. 겉으로는 조선 근대화를 위한 것이라고 하지만 일본이 대륙으로 진출하고 식민지인 우리나라를 수탈하기 위한 것이었다.

해석하기 일본이 철도를 건설한 목적은 무엇인가요?

역사 토론

대한 제국 시기에 들어온 신문물은 사람들에게 좋은 변화를 주었을까?

토론 내용 대한 제국 시기에 전기, 전차, 전화를 비롯해 많은 신문물이 들어왔다. 신문물은 도시를 발전시키고 생활 모습도 크게 바꾸었다.

 토론 **1. 좋은 변화였다.**

전차와 전화, 전기를 비롯한 신문물이 들어와 생활이 편리해졌다. 외국인 거주 지역이 만들어지면서 한국인이 백화점이나 상가에서 좋은 물건을 자유롭게 살 수 있고 영화를 볼 수도 있었다.

 토론 **2. 좋은 변화가 아니었다.**

우리나라 사람이 주로 살고 있는 농촌은 발전되지 못했고 먹을 것조차 구하기 힘들었다. 농촌을 떠나 도시로 온 사람도 일자리를 구하지 못해 가난하게 살아야 했다. 문명 발전 혜택을 누린 것은 외국인과 일부 한국인뿐이었다.

 토론 **3. 그래도 좋은 변화였다.**

성냥, 석유, 옥양목을 비롯한 물건과 서양식 의료와 근대식 교육 제도가 들어오면서 생활과 의식이 크게 변화했다. 근대식 교육을 통해 양성된 인재가 사회 각층에서 활동할 수 있었다.

 토론 **4. 아무리 그래도 좋은 변화가 아니었다.**

싸고 질 좋은 물건이 대량으로 들어오자 우리나라 수공업은 무너져 버렸고, 물건을 사기 위해 쌀이나 콩을 주어야 했다. 신문물이 들어올수록 우리나라 경제는 점점 어려워졌다.

토론하기 신문물은 우리나라 사람에게 좋은 변화를 주었을까요? 자기 생각을 밝히고, 그 까닭을 쓰세요.

학습 내용 │ 정해진 답은 없습니다. 자기 생각을 자유롭게 쓰세요.

❍ 새로운 문물이 들어오면 생활 모습이 바뀌게 됩니다. 오늘날 스마트폰 사용이 일반화되면서 어디에서나 스마트폰만 보고 있는 것에 대해서 생각해 봅시다.

전화기에 따라 바뀐 생활 모습

1896년 전화는 당시 궁내부 주관으로 궁중과 정부 기관 사이를 연락하기 위해 개통되었다. 이후 한성~인천 간 시외 전화 시설이 설치됐다. 1908년 관공서 등에 설치하는 특설 전화로 시작해 일반인 사용도 조금씩 늘어났다.

전화 사용 초기에는 걸거나 받을 때 예의를 갖추었다. 마포와 남대문 등에 최초의 공중전화가 가설됐을 당시에는 저속한 농담이나 말다툼을 단속하기 위해 전화기 옆을 지키는 관리가 있었다. 또 황제 전화를 받을 때는 벗어 놓았던 관복, 관목, 관대로 정장을 하였으며, 전화를 향해 큰절을 네 번하고 무릎을 꿇고 전화를 받았다. 개화기에 소개된 근대 문물로서 전화는 근대화를 상징하는 기계였다.

하지만 이제는 모든 손에 스마트폰이 쥐어졌다. 그리고 스마트폰이 과학을 등에 업고 진화에 진화를 거듭해 모든 이에게 필수품이 되었다. 어디를 가든 무슨 일을 하든지 스마트폰만 바라보고 심지어 다른 사람과 대화할 때도 스마트폰에만 관심을 둔다. 길을 걸어 갈 때도 스마트폰만 보느라 넘어지기도 하고 차에 치이기도 한다. 전화 보급이 일반화되면서 백여 년 전과는 전혀 다른 모습을 만들어냈다.

생각열기 **1.** 스마트폰 사용이 일반화되면서 생활에 가져온 긍정적인 면은 무엇일까요?

2. 스마트폰만 바라보고 있는 것에 대한 자기 생각을 써 보세요

11

국권 수호 운동, 그리고 한일 강제 병합

학습 목표

❶ 대한 제국 시기 일어난 항일 의병 운동을 알 수 있다.
❷ 애국 계몽 운동 단체를 파악할 수 있다
❸ 국채 보상 운동을 설명할 수 있다.
❹ 한일 강제 병합 과정을 이해할 수 있다

나라 빚을 갚자!

▲ 경복궁 근정전에 걸린 일장기

탐구 1 - 항일 의병 투쟁

유인석은 1876년 강화도 조약이 체결되자 자신이 가르치는 유생을 이끌고 반대 상소를 올렸다. 1894년 갑오개혁 뒤에는 김홍집 친일 내각에 반대하여 충주와 제천에서 의병을 일으켰다. 의병 운동의 시작이었다. 을미사변이 일어나고 단발령이 내려지자 유생들이 전국에서 의병을 일으켰다. 외세를 몰아내고 나라를 바로 잡으려는 양반이 '바른 것을 지키고 사악한 것을 배척한다.'는 위정척사 사상을 내세워서 의병을 모집했다. 처음에는 부패한 관리를 죽이는 등 활발한 활동을 벌이며 성과를 거두었지만 고종이 내린 명령에 따라 해산하고 말았다.

💡 **을사의병** 최익현은 1905년 을사늑약이 체결되자 일본에 굴복해서는 안 된다는 상소를 올렸다. 또 세금 안내기, 철도 이용 안하기, 일본 상품 안사기 등 항일 투쟁을 호소하는 포고문을 내걸었다. 74세에 전북 태인에서 의병을 모집, 순창에서 관군과 일본군에 맞서 싸웠다. 하지만 싸움에 패하고 체포되어 쓰시마섬(대마도)에 유배되었다가 그곳에서 죽었다.

평민 출신 의병장 신돌석은 을사늑약으로 나라가 위기에 처하자 의병 3천 명을 모아 경상도와 강원도에서 일본군을 무찔렀다. 일본은 신돌석을 잡기 위해 현상금을 내걸었고 결국 부하였던 김자성이 술을 먹인 뒤 밀고해 일본군에게 죽임을 당했다.

💡 **정미의병** 일본은 1907년 네덜란드 헤이그 특사 파견에 대한 책임을 물어 고종을 강제 퇴위시키고 군대를 해산시켰다. 이때 해산된 군인이 의병에 가담하기 시작했다. 정식 훈련을 받은 군인이 의병에 가담하자 무기와 작전 능력이 더욱 발전했고, 참여하는 사람도 늘어났다.

▲ **의병 부대 모습** 양반, 농민, 군인, 승려, 포수 등 다양한 사람이 참여했다.

전국에서 의병 활동이 활발해지자 13도 창의군을 만들고 이인영을 총대장으로 세웠다. 13도 창의군은 서울 진공(進攻) 작전을 계획하고 각국 공관에 국제법상 전쟁 단체로 인정해 줄 것을 요구했다.

매복이나 기습 공격으로 여러 차례 싸움에 이기기도 했지만 일본군이 대규모 토벌에 나서 국내에서 더 이상 의병 활동이 어려워지자 만주나 연해주로 옮겨갔다.

 탐구하기 많은 군인이 의병에 참여하게 된 까닭은 무엇인가요?

탐구 2 ~ 애국 계몽 운동

애국 계몽 운동은 1905년 을사늑약부터 1910년 한일 병합까지 전개된 국권 회복을 위한 실력 양성 운동을 말한다. 민중 계몽, 근대 교육 실시, 산업 개발, 국학 연구, 언론 활동, 독립군 기지 건설 등을 통해 힘을 키워 나라를 되찾으려는 운동이었다. 애국 계몽 운동을 이끈 단체로는 보안회, 헌정 연구회, 대한 자강회, 신민회 등이 있었다.

계몽 운동 단체	활동 내용
보안회(1904)	일제가 황무지 개간권 요구 → 반대 운동 전개 → 일제가 요구 철회
헌정 연구회(1905)	입헌 군주제를 통한 국민 민권 확대 주장, 일진회와 대립, 친일 행위 규탄
대한 자강회(1906)	각지에 지회 설치, 월보 발행, 고종 퇴위 반대 운동 전개
대한 협회(1907)	대한 자강회 계승, 민권 신장을 위해 노력

신민회 통감부 탄압으로 정치·사회 활동이 점점 어려워지자 안창호, 양기탁 등은 비밀 단체 신민회를 조직했다. 민족 운동과 교육 운동 간부를 양성하기 위해 평양에 대성 학교를 세웠다. 실력을 키우고 산업을 일으키기 위해 평양과 서울에 태극 서관을 세워 활동했다. 또 이회영 등은 전 재산을 처분해 만주에 독립군 양성 학교인 신흥 무관 학교를 세웠다. 하지만 1911년 데라우치 총독 암살 사건을 조작한 '105인 사건'으로 회원 대다수가 검거되어 신민회는 해체되었다.

국채 보상 운동 일제는 철도를 놓는 등 대한 제국을 근대화시킨다며 강제로 돈을 빌려 쓰게 했다. 1907년 대구에 있는 출판사인 광문사 사장 김광제와 부사장 서상돈은 담배를 끊어 나라 빚을 갚아 나가자는 국채 보상 운동을 시작했다. 《대한매일신보》에 '나라 빚 1천 3백만 원은 바로 우리 대한 제국이 유지되느냐 망하느냐를 결정하는 것이다. 그러니 갚지 못하면 나라가 망할 것인데, 정부에서는 해결할 방법이 없으니 2천만 국민들이 3개월 동안 담배를 피우지 않고 그 비용으로 빚을 갚아 나라를 위기에서 구하자.'고 호소했다. 영국인 베델과 양기탁이 설립한 《대한매일신보》는 국채 보상 운동을 적극적으로 지원했다. 이렇게 시작된 국채 보상 운동은 전국에 단체가 조직되어 담배를 끊거나 생활비를 절약하고 결혼 패물을 팔아 성금을 보태는 사람이 많았다. 하지만 이 운동은 통감부가 양기탁에게 횡령 혐의를 씌워 구속하는 등 방해로 실패했다.

 탐구하기 1907년 나라 빚을 갚자며 일어난 운동은 무엇인가요?

탐구 3 ☞ 한일 강제 병합

한일 병합은 '대한 제국과 일본을 한 나라로 통합한다.'는 뜻이다. 하지만 일제는 대한 제국에서 필요한 원료, 식량, 노동력 등을 착취하고 일본 공장에서 만든 물건을 파는 시장으로 이용했다.

일제는 1905년 을사늑약으로 외교권을 빼앗았고, 1907년 정미7조약으로 군대를 해산했다. 1909년 기유각서를 맺어 사법권과 경찰권을 박탈해 모든 실권을 빼앗았다.

1910년 이토 히로부미 후임으로 육군 대신 데라우치를 통감으로 파견하고 이완용에게 친일 내각을 세우게 했다. 이후 데라우치 통감과 이완용이 병합 조약에 도장을 찍었다. 일제는 반발을 두려워하여 조약 체결을 숨긴 채 집회를 금지하고 원로대신을 감금했다. 그리고 8월 29일 순종이 '한일 병합 조약'을 발표함으로써 대한 제국은 일제 식민지가 되었다.

8개조로 된 이 조약에서 가장 중요한 내용은 '동양 평화를 오랫동안 지키기 위해 대한 제국을 일본에 병합시키는 것이 최선'이라는 것이다. 한일 병합 조약 주요 내용은 다음과 같다.

제1조 한국 정부에 관한 통치권 일체를 완전하고도 영구히 일본 황제에게 넘긴다.
제3,4,5조 일본 황제는 한국 왕실, 왕족 및 병합에 공이 있는 한국인에게 일본 작위와 하사금을 내려 준다.
제7조 일본 정부는 성의를 다해 충실하게 일본이 한국을 통치하는 것을 존중하는 한국인 가운데 자격을 갖춘 자는 사정이 허락하는 한 한국에 있는 일본 관리로 등용한다.

황제가 날인하지 않아 법적인 형식도 갖추지 못한 이 조약으로 대한 제국은 망하고 말았다.

일제는 '대한 제국'이란 나라 이름을 '조선'으로 다시 바꾸었으며, 통감부를 폐지하고 조선 총독부를 설치했다. 총독에 데라우치를 임명하고 행정, 입법, 사법 및 군대 통수권까지 주었다. 중요한 직책은 모두 일본인이 차지한 채 조선을 지배하기 시작했다.

탐구하기 **1.** 한일 병합 조약에 도장을 찍은 사람은 누구인가요?

2. 통감부를 폐지하고 우리나라를 지배하기 위해 세운 기관은 무엇인가요?

해석 1 ─ 안중근은 살인자가 아니라 전쟁 포로였다

안중근은 이토 히로부미를 살해한 죄로 1910년 2월 14일 사형 선고를 받았다. 하지만 안중근이 이토 히로부미를 죽인 것은 살인이 아니라 군인이 적을 쏜 군사 작전이었다.

1909년 이토 히로부미가 러시아 장관과 침략 정책을 논의하기 위해 만주 하얼빈에 온다는 소식을 들은 안중근은 이토 히로부미를 처단할 계획을 세웠다.

▲ 조국 독립에 몸 바칠 것을 맹세한 '단지 동맹'을 맺는 안중근과 동지들

10월 26일 오전 9시 만주 하얼빈 역에 이토 히로부미가 도착했다. 외국 사절단과 인사를 주고받고 러시아 의장대를 사열하는 이토 히로부미를 향해 안중근은 권총을 쏜 다음 '코레아 우라 코레아 우라(대한 만세)'를 외쳤다.

안중근은 관동도독부 고등법원에서 재판을 받았는데 재판장, 담당 검찰, 변호사까지 모두 일본인이었다.

> "내가 이토를 죽인 것은 대한 제국 독립과 동양 평화를 지키기 위해서였다. 나는 독립군 참모중장으로 독립 전쟁에 참가한 것이다. 오늘 법정에 나온 것은 전쟁에 나갔다가 포로가 된 것이므로 국제법에 따라 군사 재판을 받게 해 달라."

안중근은 자신이 일제와 벌인 항일 전쟁 중 군인으로서 이토를 죽인 것이므로 살인이 아니라 정당한 군사 작전이니 전쟁 포로로 처리해 달라고 주장했다. 그러나 일제는 전쟁 포로로 인정하면 안중근을 처벌할 수 없으므로 일반 범죄자로 취급했다.

1910년 2월 14일 사형이 선고되었고 3월 26일 오전 10시 15분 32세로 뤼순 감옥에서 사형당했다. 안중근은 옥에 갇혀있는 동안 자서전 《안응칠 역사》에서 자신이 한 일에 대한 정당성을 주장했다. 또 완성하지 못했지만 〈동양 평화론〉을 통해 자신이 생각하는 당시 국제 정세와 시대 상황을 보여 주기도 했다.

해석하기 안중근은 왜 자신을 전쟁 포로로 인정해 달라고 주장했나요?

해석2 ▪ 애국 계몽 운동이 보여 준 의의와 한계

애국 계몽 운동은 실력을 키워서 국권을 되찾자는 것으로 교육과 산업, 두 분야를 중심으로 전개되었다. 일본에 정면으로 맞서 싸우기보다는 교육을 통해 애국심을 심어 주고 백성을 계몽하는 데에 많은 기여를 했다.

애국 계몽 운동이 보여 준 의의는 크게 세 가지다.

첫째, 서양 근대 학문을 소개하고 오산 학교와 대성 학교를 비롯한 많은 학교를 설립해 학생을 가르쳤다. 이와 함께 신문에 사설과 기사를 통한 언론 활동으로 백성을 계몽시켰다. 이를 통해 일제 강점 뒤에도 독립운동이 이어지는 밑바탕이 되었다.

둘째, 우리나라 역사 위인, 문화, 국문학 등에 대한 연구 활동을 활발히 해서 이순신전, 을지문덕전을 비롯해 국난을 극복한 위인을 되살리는 성과물을 만들어 냈다.

셋째, 국채 보상 운동을 전개해 누구나 독립운동에 참여할 수 있는 길을 열었다.

이렇게 전개된 애국 계몽 운동은 3·1 만세 운동, 물산 장려 운동과 같은 항일 운동으로 이어졌다. 그러나 애국 계몽 운동은 한계점도 있었다.

첫째, 애국 계몽 운동은 강자가 지배하고 이끌어야 사회가 발전한다는 사회 진화론을 바탕으로 시작되었기 때문에 제국주의 국가가 내세우는 침략도 사회 발전을 위한 수단으로 받아들였다. 그래서 일본 침략도 사회 진화론에 따라 합법적으로 받아들이기도 했다.

사회 진화론 다윈이 주장한 진화론에서 영향을 받아 인간 문명에도 우열이 있음을 인정하는 것이다. 이는 제국주의 국가가 다른 나라를 침략하고 지배하는 것을 정당화하는 데 이용되었다.

둘째, 애국 계몽 운동 세력은 무장 투쟁에 대해 공감하지 못했고 의병을 폭도라며 무시했다. 그래서 애국 계몽 운동이 항일 의병과 힘을 합치지 못했다.

셋째, 국민을 계몽해야 한다고 생각하면서도 애국 계몽 운동을 이끈 세력이 행동에 적극 나서지 않았기 때문에 대중 속에 깊이 뿌리내리지 못했다. 그래서 국채 보상 운동 이외에는 전 국민이 나서는 행동을 하지 못했다.

해석하기 애국 계몽 운동이 가진 의의는 무엇인가요?

역사 토론

📍 안중근이 재판 결과를 받아들인 것은 옳은 결정이었을까?

토론 내용 안중근은 사형을 선고받은 뒤 판결에 항의하는 항소를 하지 않고 스스로 사형이라는 판결을 받아들였다.

토론 1. 옳은 결정이었다.

안중근은 사형을 당함으로써 자신이 동포들에게 전하고자 했던 항일 의지를 보여 주었다. 실제로 안중근 의거 뒤에 많은 사람이 독립운동에 나섰다.

토론 2. 아니다. 잘못된 결정이었다.

안중근은 판결을 받아들이지 않고 항소를 하여 재판이 불리하게 진행되었다는 것을 세상에 알리고, 살아남아 더 많은 일을 했어야 했다.

토론 3. 그래도 옳은 결정이었다.

항소를 했더라도 판결 결과를 바꾸기는 어려웠던 상황이다. 안중근은 항소하는 것도 치욕이라고 생각했다. 목숨을 구걸하지 않고 당당하게 행동한 모습은 우리나라뿐만 아니라 다른 나라에도 의거를 많이 알리고 큰 본보기가 될 수 있었다.

토론 4. 아무리 그래도 잘못된 결정이었다.

재판 결과를 그대로 받아들인 행동은 일제가 부당하게 판결한 것을 인정한 것이 되었고 아까운 희생이 되었다. 항소해서 더 저항했다면 둘레 나라에서 도움을 받을 수도 있었고 사형당하지 않을 수도 있었다.

토론하기 안중근이 재판에 항소하지 않은 것은 옳은 결정이었을까요? 자기 생각을 밝히고, 그 까닭을 쓰세요.

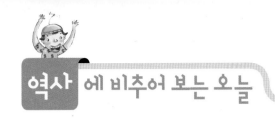

학습 내용 | 정해진 답은 없습니다. 자기 생각을 자유롭게 쓰세요.

⊙ 1997년 IMF(국제 통화 기금) 외환위기를 맞아 많은 국민이 나라 빚을 갚기 위해 금 모으기 운동에 나섰습니다. 국민이 나서서 경제 위기를 극복하는 것에 대해서 생각해 봅시다.

> 1997년 11월에 우리나라가 보유한 외환이 너무 부족해 IMF로부터 자금을 지원받아야 하는 위기에 빠졌다. IMF 경제 위기는 우리 사회를 크게 뒤흔들었다. 많은 기업이 문을 닫았고 실업자가 급증하면서 경제가 크게 위축되었다. 이때 우리나라 부채도 약 304억 달러나 되었다.
>
> 금 모으기 운동은 나라 빚을 갚기 위해 국민들이 가지고 있던 금을 내놓은 운동이다. '집안 장롱 속에 있는 금을 지금 맡기면 돈도 많이 벌고 나라도 살린다.'라는 구호를 내걸고 2백억 달러 수출을 목표로 내무부가 전개한 '나라 살리기 금 모으기 운동'이 큰 호응을 얻었다. 금 모으기 운동이 시작된 지 이틀 만에 8만여 명이 참가해 모인 금은 10톤이 넘었고 1억 달러가 넘는 양이었다. 금 모으기 운동에는 351만여 명이 참여했고, 약 227톤이 모였다. 22억 달러에 이르는 양이었다.
>
> 금 모으기 운동이 경제 위기를 극복하는 데 도움을 주기는 했으나 많은 회사가 문을 닫았고 우수한 기업이 헐값에 외국 자본에 넘어갔으며, 많은 실업자가 생겼다. 정규직보다는 비정규직 노동자가 크게 늘어나 고용이 불안정해졌고 많은 사람이 빚에 허덕이게 되었다.

✂ **생각열기** 1907년 대구에서 시작된 국채 보상 운동처럼 1997년 IMF 외환위기 때에도 금 모으기 운동을 펼쳐 나라 빚을 갚으려고 노력했습니다. 나라가 경제 위기에 처했을 때 우리가 할 수 있는 일은 무엇이 있을까요?

12 무단 통치와 3·1 만세 운동

역사 연대기

1912년 | 일제가 토지 조사령을 발표함
1919년 | 동경에서 유학생들이 2·8 독립 선언을 함
　　　　 3·1 만세 운동이 일어남
　　　　 대한민국 임시 정부가 세워짐

학습 목표

❶ 무단 통치 내용을 이해할 수 있다.
❷ 토지 조사 사업 내용을 이해할 수 있다.
❸ 3·1 만세 운동 전개 과정을 설명할 수 있다.
❹ 3·1 만세 운동 이후 독립운동을 파악할 수 있다.

교과 연계

초등사회 6-1 　🔗 **2. 근대 국가 수립을 위한 노력과 민족 운동**
　　　　　　　　　 4) 나라를 되찾기 위한 노력

중등역사 2(비상) 　🔗 **2. 민족 운동의 전개**
　　　　　　　　　 1) 무단 통치와 3·1 운동

중등역사 2(미래엔) 　🔗 **2. 민족 운동의 전개**
　　　　　　　　　 1) 무단 통치와 3·1 운동

중등역사 2(천재) 　🔗 **2. 민족 운동의 전개**
　　　　　　　　　 1) 일제의 무단 통치와 독립운동의 시작

▼ 대한민국 임시 정부 수립과 이동

▲ 토지 조사 사업

역사 탐구

탐구 1 ― 무단 통치

    한일 병합 뒤 데라우치 총독은 "조선인은 총독부에 복종하든지 아니면 죽음을 각오하라."며 총칼로 다스리는 무단 통치를 실시했다. 헌병 경찰제, 조선 태형령, 보안법과 신문지법, 조선 교육령 같은 제도를 만들어 무조건 복종을 강요했다.

헌병 경찰제와 조선 태형령

    1910년부터 실시된 헌병 경찰제는 군인인 헌병이 경찰처럼 치안을 책임지는 제도다. 헌병이 우리나라 사람을 감독하고 감시했으며, 법 절차를 무시하고 가두거나 벌금형 또는 태형에 처할 수 있었다. 면 단위 행정 구역에까지 헌병을 파견했고, 헌병에게는 우리나라 사람 누구도 저항할 수 없었다.

    태형은 죄인을 회초리나 곤장으로 때리는 형벌로 갑오개혁 때 폐지되었으나, 우리나라 사람에게만 적용하기 위해 '조선 태형령'이라는 이름으로 되살렸다.

보안법과 신문지법

    일제는 1907년 보안법과 신문지법을 발표했다. 보안법은 질서 유지를 위해 단체를 해산시키고 집회를 금지시키는 것이었다. 이에 따라 독립운동을 하는 모든 단체를 해산시켰다. 신문지법은 신문이나 잡지를 비롯한 정기 간행물을 허가받게 하고 내용이 마음에 들지 않으면 발행과 판매를 금지시켰다. 《대한매일신보》를 강제로 사들여 총독부 기관지로 만들었고, 다른 신문사는 폐간시켰다.

    책에도 민족의식이나 독립 정신을 고취시키는 내용이 있으면 불태우거나 판매를 금지시켰고, 금지된 책을 읽다가 발각되면 태형이나 징역형을 내렸다. 연극을 비롯한 공연장에는 헌병이 들어가 공연 내용을 검열하고, 내용이 거슬리면 공연을 바로 중지시키고 공연하는 사람을 잡아갔다.

    보안법과 신문지법으로 우리나라 사람은 자유롭게 언론, 출판, 집회, 결사를 할 수 없었다.

조선 교육령

    1911년부터 세 번에 걸쳐 조선 교육령을 발표해 '일제 신민(일본 왕에게 충성하는 백성)'이 되는 자질을 갖추기 위한 교육을 실시했다. 선생님은 칼을 차고 수업을 했으며 일본어를 가르치고, 노동력을 착취하기 위해 수준 낮은 직업 교육만을 시켰다.

    🔍 **탐구하기**   일제가 한일 병합 후 우리나라를 다스리기 위해 실시한 통치 방법은 무엇인가요?

탐구 2 ☞ 경제 수탈을 시작하다 ▼

일제는 우리나라 땅을 빼앗기 위해 토지 조사 사업을 실시했다. 황무지를 일구어 농사를 짓는다며 1908년 '동양 척식 주식회사'를 만들었다. 동양 척식 주식회사는 농토를 싸게 사들여 우리나라에 들어온 일본 사람에게 농사를 지을 수 있게 나누어 주었다.

1912년부터는 땅을 정확하게 파악해 세금을 공정하게 매기고, 소유권을 보호한다며 '토지 조사령'을 발표했다. 땅 주인에게 관청에 신고를 하라고 했지만, 서류가 너무 복잡한 데다 절차가 까다롭고 기간도 짧았다. 또 마을이나 문중이 공동으로 소유한 땅은 신고를 할 수도 없었다. 무엇보다 땅은 나랏님(임금님) 것이라는 왕토 사상이 뿌리 깊게 자리 잡고 있었기 때문에 농사를 짓고 있어도 자기 땅이라는 생각이 약했다. 그리고 일제가 시키는 일이라 무조건 따르지 않으려고 했다. 그래서 많은 사람이 신고를 하지 않았다.

조선 총독부는 신고하지 않은 땅을 주인이 없다며 빼앗았고, 왕실이나 관청이 소유하던 국유지도 빼앗았다. 이렇게 빼앗은 땅을 동양 척식 주식회사나 일본 사람에게 무상이나 싼값에 팔거나 빌려 주었다. 새롭게 땅 주인이 된 일본 사람은 농민을 부려 농사를 짓거나, 땅을 빌려 주고 사용료를 비싸게 받았다. 수많은 소작농이 생겼고, 땅을 잃은 사람은 고향을 떠나야 했다.

일제는 농토뿐만 아니라 산도 빼앗기 위해 산림령과 임야 조사령도 발표했다. 산은 나라 땅이 많았기 때문에 절반이 넘게 조선 총독부로 넘어갔다. 총독부는 일본 사람에게 산을 빌려주어 나무를 베고 광산을 개발하도록 해주었다. 그리고 우리 바다를 차지하기 위해 '조선 어업령'을 발표했다.

▲ 동양 척식 주식회사

1910년에는 총독부 허가가 없으면 회사를 세울 수 없는 '회사령'을 발표해 마음에 들지 않는 회사를 없애버리기도 했다. 이렇게 일제는 우리나라 경제 모두를 일본 것으로 만들었다.

곡식과 자원을 일본으로 실어가기 위해 우리나라 사람을 강제로 동원해 도로와 철도를 만들고 군산을 비롯한 여러 항구를 새로 개발했다.

🔍 **탐구하기** 일제가 토지 조사 사업을 실시한 목적은 무엇인가요?

탐구 3 ➡ 3·1 만세 운동이 일어나다

　　1918년 제1차 세계 대전이 끝날 무렵 미국 윌슨 대통령이 내세운 '민족 자결주의'에 나라 안팎에서 독립운동을 하던 사람은 큰 기대를 걸었다. 어떤 민족이든지 스스로 장래를 결정해야 한다는 민족 자결주의에 따라 독일과 오스트리아로부터 지배를 받던 나라가 독립했기 때문이었다.

　　1919년 1월 경운궁(덕수궁)에서 고종이 승하했다. 일제가 친일파와 궁녀를 시켜 독살했다는 소문이 퍼져 나갔다. 나라 잃은 설움과 일제에 대한 적개심으로 가득 차 독립 의지가 불타올랐고, 우리가 들고 일어나면 미국이 도와줄 것이라고 희망을 품었다. 상하이에 있던 신한 청년단은 김규식을 파리 평화 회의에 파견해 독립을 호소했다. 만주에서 독립운동가 39명이 '무오 독립 선언서'를 발표했다. 1919년 2월 8일에는 일본 유학생 600여 명이 모여 '2·8 독립 선언서'를 발표했다.

　　국내에서도 3월 3일에 열리는 고종 장례식을 보러 많은 사람이 모일 것을 예상해 3월 1일에 만세 시위를 일으키기로 했다. 천도교 3대 교주인 손병희가 주도해 최남선이 '독립 선언서'를 쓰고 기독교, 불교, 천도교 33명이 민족 대표로 서명했다. 한용운은 '독립 선언서' 말미에 공약 3장을 추가했다. 3월 1일, 탑골 공원에 사람들이 모여 민족 대표를 기다렸다. 하지만 민족 대표는 태화관이라는 음식점에서 '독립 선언서'를 낭독하고 독립 만세를 부른 다음 스스로 경찰에 연행되었다. 2시가 지나도 민족 대표가 오지 않자, 경신학교 학생인 정재용이 팔각정으로 올라가 '독립 선언서'를 낭독했다. '吾等(오등)은 玆(자)에 我朝鮮(아조선)의 獨立國(독립국)임과 朝鮮人(조선인)의 自主民(자주민)임을 宣言(선언)하노라.'로 시작된 '독립 선언서' 낭독이 끝나자 사람들이 '대한 독립 만세!'를 외치며 태극기를 흔들었다. 학생들이 앞장섰고 남녀노소를 가리지 않고 모두 만세를 불렀다.

　　서울에서 일어난 3·1 만세 운동은 빠른 속도로 전국에 퍼져 나갔다. 큰 도로에 모여 만세를 부르거나 장날이 되면 장터에 모여 만세를 불렀다. 밤에는 횃불, 봉화 시위를 벌이기도 했다. 가까운 지역을 찾아다니며 만세를 부르기도 했고, 다른 곳으로 태극기를 전해주어 릴레이 시위를 벌이기도 했다. 학생들은 동맹 휴학을 하고 만세 운동을 했다.

　　3월 1일에 시작된 만세 운동은 5월까지 1,500회가 넘게 열렸고, 시간이 갈수록 학생들을 대신해 노동자, 농민, 상인 등이 중심이 되어 이끌어 갔다.

 탐구하기 ⃝ 윌슨이 발표한 민족 자결주의는 무슨 뜻인가요?

탐구4 • 총칼로 탄압한 일제

만세 운동은 평화로운 시위였지만 일제는 기마대 말발굽으로 짓밟고 곤봉이나 채찍, 칼을 휘둘렀다. 총을 쏘아 죽이기도 했다. 많은 사람이 죽거나 다쳤고 체포되었다.

전국에서 3월부터 5월까지 만세 운동에 참가한 사람은 약 200만 명으로 그 가운데 7,500여 명이 죽었고, 1만 5000여 명이 다쳤다. 4만 6000여 명은 감옥에 갇혔다.

▲ 제암리 학살 사건

수원 화성군 제암리에서는 마을 주민을 교회에 모이게 한 다음 문에 못질을 하고 총칼로 사람들을 죽였다. 불을 지르고, 도망 나오는 사람에게도 마구 총질을 했다. 마을 주민 20여 명을 죽이고, 집을 모조리 불태운 사건이 제암리 학살 사건이다.

이화 학당에 다니던 유관순은 3·1 만세 운동이 일어나자 친구들과 소복을 입고 덕수궁 대한문 앞으로 가 고종 황제 신위를 향해 절한 다음 시위에 참여했다. 일제가 만세 운동을 탄압하기 위해 학교를 폐쇄하자 만세 운동을 널리 퍼뜨리기로 결의하고 고향인 천안으로 갔다. 유관순은 집안 어른을 만나 만세 운동을 벌이자고 호소하고, 안성, 진천, 청주 등으로 연락해 큰 만세 운동을 추진했다.

4월 1일, 아우내 장터에 3천여 명이 넘는 사람이 모였다. 유관순은 태극기를 나누어 주고 군중 앞에서 독립 선언서를 낭독했다. 만세를 부르기 시작하자 일제는 총을 쏘았다. 유관순 부모를 비롯한 많은 사람이 죽거나 다치고 체포되었다. 유관순도 체포되어 감옥에 갇혔으나 법관을 향해 "너희는 일본 사람이니 나를 벌줄 권리가 없다."며 재판을 거부했다. 무자비한 고문을 받았으나 감옥에서도 쉬지 않고 독립 만세를 외쳤다. 1920년 3월 1일 3·1 만세 운동 1주년을 맞이해 감옥에 있는 이들과 옥중 만세 운동을 벌이기도 했으나, 고문 후유증으로 순국했다.

> 🔵 탐구하기 3·1 만세 운동이 일어난 뒤 수원에서 마을 주민을 교회에 가두고 학살한 사건은 무엇인가요?

해석 ─ 3·1 만세 운동이 독립운동에 끼친 영향

많은 사람이 3·1 만세 운동에 나섰으나 독립을 하지는 못했다. 3·1 만세 운동은 우리나라 독립운동에 어떤 영향을 주었을까?

첫째, 독립운동이 활발해지는 계기가 되었다. '독립 선언서'에는 우리나라가 자주독립국이며, 다른 나라와 평등한 국민이라는 뜻을 담았다. 태극기를 들고 '대한 독립 만세'를 외치며 평화롭게 시위를 했다. 또 지위, 나이, 남녀 구분 없이 모두 한 목소리를 냈다. 뿐만 아니라 일본, 중국, 미국 등 우리 동포가 있는 곳이라면 어디든 만세 운동이 일어났다.

일제가 잔인하게 탄압해 3·1 만세 운동은 수그러들었지만, 독립운동은 더 크게 발전했다. 누구라도 독립운동을 할 수 있다고 여기게 되었고, 독립운동에 나서는 사람도 더욱 많아졌다. 독립 자금도 더 많이 모였고, 독립운동을 위해 해외로 망명하는 사람도 많아졌다.

둘째, 대한민국 임시 정부가 세워졌다. 독립에 대한 열망을 하나로 모으기 위해 1919년 9월, 중국 상하이에 대한민국 임시 정부가 세워졌다. 국민을 주인으로 하는 공화제 정부로 '대한민국'이라고 불렀다. 행정, 입법, 사법 3권을 나누었고, 임시 의정원을 두어 법을 만들었다. 초대 대통령은 이승만, 국무총리는 이동휘가 맡았다. 국내외 곳곳에 정보를 주고받는 연통제를 만들고, 독립신문을 발행해 독립운동 소식을 널리 알렸다. 교통국이라는 비밀 조직을 두어 독립 자금과 무기 등을 조달했다. 또 워싱턴과 파리에 위원부를 두고 외교 활동을 했다.

셋째, 무장 투쟁이 활발해졌다. 3·1 만세 운동을 총칼로 탄압하는 일제에 맞서는 길은 무장 투쟁이라 여겼다. 신흥 무관 학교 같은 독립군 양성 학교 출신이 의열단이나 봉오동 전투, 청산리 대첩을 이끌었다. 연해주와 만주에서 활동하던 대한 국민 노인 동맹 단원인 강우규는 새로 부임해오는 총독이 서울역에서 내리자 폭탄을 던져 처단하려 했다.

넷째, 일제가 무단 통치를 문화 통치로 바꾸었다. 3·1 만세 운동으로 놀란 일제는 무단 통치를 문화 통치로 바꾸었다. 겉으로는 바뀌었으나 우리나라 사람을 감시하고 탄압하는 본질은 바뀌지 않았다.

해석하기 3·1 만세 운동이 독립운동에 끼친 영향 가운데 가장 큰 것은 무엇이라고 생각하나요?

📍 민족 대표 33인이 탑골 공원에 오지 않고 태화관에서 '독립 선언서'를 읽은 까닭은 무엇일까?

토론 내용 탑골 공원에 많은 사람이 모여 민족 대표가 오기를 기다렸다. 하지만 민족 대표는 태화관에서 '독립 선언서'를 낭독하고 스스로 연락해 일본 경찰에게 체포당했다.

 토론 **1. 많은 사람이 다칠 것을 우려했기 때문이다.**

탑골 공원에는 수많은 사람이 모여 있었다. 만세를 부르다가 일본 경찰이 진압을 하게 되면 많은 사람이 죽거나 다칠 수도 있기 때문에 조용히 조선 독립을 외치려고 한 것이다.

 토론 **2. 책임이 두려웠기 때문이다.**

'독립 선언서'를 읽는 그럴싸한 역할만 하겠다는 속셈이었다. 많은 사람이 기다리는 탑골 공원에 가지 않고 태화관에서 조용히 읽고는 일본 경찰에 연락해 잡아가라고 했다. 시위 규모가 커지면 책임을 져야 하기 때문에 가지 않은 것이다.

 토론 **3. 윌슨이 주장한 민족 자결주의를 잘못 이해하고 있었기 때문이다.**

독립 선언서를 낭독하면 다른 나라 도움을 받을 수 있을 것이라 여겼다. 하지만 민족 자결주의는 제1차 세계 대전 패전국에 지배 받고 있던 나라에만 적용되었다. 승전국인 일본 지배를 받고 있던 우리나라에는 해당되지 않는다는 것을 몰랐다.

 토론 **4. 힘을 모아 독립할 의지가 없었기 때문이다.**

모든 사람이 힘을 모아 독립운동을 이루려는 생각이 없었기 때문에 조용히 독립 선언서를 발표하고 스스로 신고해서 경찰에 연행된 것이다.

토론하기 태화관에 모였던 민족 대표 33인이 탑골 공원에 오지 않은 까닭은 무엇일까요? 자기 생각을 밝히고, 그 까닭을 쓰세요.

학습 내용 | 정해진 답은 없습니다. 자기 생각을 자유롭게 쓰세요.

◆ 3·1 만세 운동이 우리나라 독립운동을 발전시킨 것처럼 국민이 앞장서서 나라를 발전시키는 것에 대해 생각해 봅시다.

2016년 10월 29일, 국정 농단 책임자인 대통령에 대한 책임을 묻는 집회가 청계 광장에서 시작되었다. 평화롭게 촛불을 들고, 구호를 외쳤다. 촛불 집회는 매주 주말마다 이어졌고, 전국에서 열리기 시작했다. 2016년 12월 3일에는 232만 명이 참여해 대한민국 역사에서 최대 시위 기록을 세웠다.

12월 9일, 국회에서 대통령 탄핵안이 가결되자, 헌법재판소를 향해 탄핵안을 받아들이라며 시위를 이어갔다. 12월 31일에는 누적 인원이 1,000만 명을 돌파했다.

해를 넘기고도 촛불 집회는 이어졌고, 2017년 3월 1일, 3·1절을 맞아 열린 촛불 집회에서는 대한민국 임시 정부가 사용했던 태극기가 내걸리고, 대통령 탄핵안을 받아들이라는 만세를 외치기도 했다.

2017년 3월 10일, '대통령 박근혜를 파면한다.'는 선고가 내려졌다. 탄핵을 '촛불 승리'로 선언하고, 축하 콘서트로 촛불 집회는 끝을 맺었다.

독일 프리드리히 에버트 재단이 2017 '에버트 인권상' 수상자로 촛불 집회에 참여한 '대한민국 국민'을 선정했다. 1994년에 생긴 에버트 인권상은 단체나 개인이 받는 것이었는데, 전 국민이 수상자로 선정되기는 이번이 처음이다. 에버트 재단은 '의사를 자유롭게 표현하고 집회를 평화롭게 진행한 것은 민주주의를 발전시키는 필수 요소'라면서 '촛불 집회가 전 세계 시민에게 민주주의를 깨우쳐 주는 계기가 되었다.'며 선정 이유를 밝혔다. 이어 '수많은 시민이 주말마다 가혹한 날씨를 무릅쓰고 민주주의를 지키기 위해 거리로 나섰다. 한국 촛불 집회는 민주주의와 법치에 대한 의지와 헌신을 드러냈다'고 평가했다.

생각열기 국회의원도 있고, 대통령도 있는데 국민이 직접 나라를 바로잡기 위해 나서는 것은 옳은 일일까요?

13 문화 통치, 우리 민족을 분열시키다

학습 목표

❶ 문화 통치 내용을 파악할 수 있다.
❷ 친일파를 양성한 까닭을 이해할 수 있다.
❸ 산미 증산 계획을 설명할 수 있다.
❹ 실력 양성 운동을 설명할 수 있다.

실력 양성 운동을 주도한 지식인

▲ 조만식

▲ 이상재

친일파로 변절한 지식인

▲ 이광수

▲ 최남선

탐구 1 ─ 친일파를 양성하라

친일파는 민족을 배신하고 일제에 적극 협력하며 식민 지배 정책을 지지하던 사람을 말한다. 3·1 만세 운동이 일어나자 놀란 일제는 일진회에게 한일 병합을 요청하게 했던 경험을 되살려 친일파를 만들어 식민 통치에 이용하려고 했다.

사이토 마코토 총독은 '조선 민족 운동에 대한 대책'을 구상해 다음과 같은 친일파 양성책을 마련했다.

> 1. 친일 인물을 골라 귀족, 양반, 부자, 상인, 교육, 종교계에 침투시켜 계급과 사정에 따라 친일 단체를 만들게 한다.
> 2. 각종 종교 단체도 중앙 집권화해서 그 최고 지도자에 친일파를 앉히고 고문을 붙여 일제에 따르게 한다.
> 3. 친일 민간인에게 편의와 원조를 주어 뛰어난 인재를 교육한다며 친일 지식인을 키운다.
> 4. 직업이 없는 양반, 유생을 먹고 살게 해주어 일제를 찬양하고 민심을 살피는 데에 이용한다.
> 5. 조선인 부자에게 일본 자본을 공급해 친일화해서 민중과 대립하게 만든다.
>
> – 사이토 마코토, 〈조선 민족 운동에 대한 대책(1920)〉 중에서 –

사이토 마코토는 귀족, 관료, 경제인, 종교인, 군인, 경찰, 언론인, 친일 단체 간부, 유학생 등을 직접 만나 회유했다. 일제에 적극 협력하는 사람에게 특혜와 관직을 주었고 부유한 생활을 누릴 수 있게 해주었다. 일본에 감사하며 일제 정책을 찬양하고 다른 사람을 감시하도록 만들었다. 친일파 양성책은 크게 성공해 친일파가 급속도로 늘어났고 친일 여론이 조성되었으며, 많은 친일 단체가 만들어졌다.

결국 친일파 양성 정책은 우리민족끼리 서로 감시하고 믿지 못하게 하여 민족을 단결하지 못하는 원인이 되었다.

🔍 **탐구하기** 3·1 만세 운동으로 놀란 일제가 친일파를 양성한 까닭은 무엇인가요?

_____

_____

탐구 2 ─ 산미 증식 계획(1920~1934년)

▲ 반출미로 가득 찬 군산항

제1차 세계 대전에서 승리한 일본은 경제가 성장하고 공업이 발달했다. 많은 농민이 도시 노동자로 가게 되면서 쌀 생산량은 급격히 떨어졌고 쌀값은 폭등했다. 일제는 쌀 부족 문제를 해결하기 위해 산미 증식 계획을 세웠다. 산미 증식 계획이란 우리나라에서 생산량을 늘려 일본에 필요한 쌀을 공급하려는 계획이다. 1920년부터 저수지와 수리 시설을 개선하고 농토를 개간했으며 쌀 품종을 개량했다.

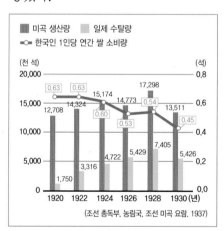

(조선 총독부, 농림국, 조선 미곡 요람. 1937)

쌀 생산량은 늘어났지만, 늘어난 양보다 더 많은 쌀을 일본으로 가져갔다. 게다가 쌀 생산량을 늘기 위해 사용했던 비료 값, 품종 개량비, 수리 시설 확충비 등을 우리나라 농민에게 떠넘겼다. 생산한 쌀은 일제에 빼앗기고 각종 부담이 늘어나자 농민은 굶주리고 빚에 허덕였다. 일제가 만주에서 조, 수수, 콩 등 값싼 잡곡을 들여왔지만 식량은 여전히 부족했다.

반면에 지주층은 쌀 수출로 많은 수익을 올렸다. 산미 증식 계획이 지주에게는 유리한 정책이었기 때문이다. 또한 일제는 우리나라를 쌀 공급 기지로 만들고, 지주를 친일 세력으로 만들려고 지주를 도와주었다.

높은 소작료와 세금으로 살기 어려워진 농민은 조합을 만들어 소작 쟁의를 벌이기도 하고 산 속으로 들어가 화전민이 되기도 했다. 새로운 터전을 찾아 만주나 연해주로 떠나기도 했다. 산미 증식 계획은 1930년대 들어 일본 쌀값이 하락하자 일본 지주가 우리나라 쌀을 수입하는 것을 반대해 1934년에 중단되었다.

> **소작 쟁의** 소작농민이 소작 조건 개선을 위하여 지주를 상대로 전개한 농민 운동이다.

이처럼 일제는 토지 조사 사업에 이어 산미 증식 계획으로 수탈을 이어갔다

 탐구하기 다음 빈칸에 알맞은 말을 쓰세요.

산미 증식 계획으로 (   )은 늘어났지만 늘어난 양보다 더 많은 양을 (   )으로 가져갔다.

탐구 3 ∞ 실력 양성 운동 ▼

3·1 만세 운동 이후, 우리나라가 독립하려면 경제 자립과 교육을 통해 민족 힘을 길러야 한다는 실력 양성 운동이 전개되었다. 대표적인 실력 양성 운동은 물산 장려 운동과 민립 대학 설립 운동이었다.

1920년 회사령이 폐지되고 회사 설립이 신고제가 되자 우리나라에 일본 기업이 더 많이 세워졌다. 또 관세가 폐지되자 일본 자본과 상품이 밀려 들어왔다. 그러자 민족 자본을 육성해 경제 자립을 이루자는 물산 장려 운동이 일어났다. 물산 장려 운동은 조만식, 이상재 등 민족주의 계열을 중심으로

▲ 조선 물산 장려회 포스터

1920년 평양에서 시작되었다. 이후 다른 지역으로 확산되어 서울에 조선 물산 장려회가 세워졌다.

'내 살림 내 것으로', '조선 사람 조선 것', '조선 사람이 만든 것을 먹고 입고 쓰자.' 라는 구호를 앞세워 토산품 애용, 근검저축, 금주, 금연 등을 실천하자고 주장했다. 학생이 중심이 된 자작회, 여성이 중심이 된 토산 애용 부인회 같은 단체가 운동을 이끌었다. 물산 장려 운동은 큰 지지를 받아, '국산품을 이용해야 한다.'는 생각을 갖게 했다.

그러나 민족 자본 기반이 약해 갑작스럽게 늘어난 수요를 따라갈 수 없었다. 가격이 오르자, 이익은 자본가와 상인이 가져가고 부담은 가난한 민중이 지게 되었다. 그러자 사회주의 진영에서는 자본가와 상인 배만 불려준다고 비난했다. 일제 탄압이 거세지고 민중이 외면하면서 큰 성과를 거두지 못했다.

1920년대에 들어서 대학 설립이 허용되었다. 이상재, 이승훈 등 민족 지도자가 교육 차별에 대항해 우리 힘으로 대학을 설립하려고 했다. 1923년 조선 민립 대학 기성회를 창립해 대학 설립을 추진했다. 대학을 설립하려면 많은 돈이 필요했기 때문에 '한민족 일천만이, 한사람이 일원씩'이라는 구호를 내세워 일천만 원 모금 운동을 시작했다. 전국으로 모금 운동이 퍼져나갔고 만주, 하와이에서도 모금 운동을 할 정도로 커다란 호응이 있었다. 당황한 일제는 자금 모집을 위한 지방 강연을 중지하고 청중을 강제로 해산하는 등 탄압했다. 또 민립 대학 설립 운동을 좌절시키기 위해서 경성 제국 대학을 서둘러 설립했다. 결국 일제 억압과 연이은 가뭄과 홍수 등으로 이재민 구호가 시급해져 모금이 지지부진해지자 우리 민족 힘으로 대학을 세우려는 운동은 실패했다.

🔍 탐구하기   1920년대 대표적인 실력 양성 운동은 어떤 것이 있나요?

해석 1 ↝ 일제가 문화 통치를 실시한 목적

3·1 만세 운동이 일어나자, 일제는 더 이상 무력으로만 지배할 수 없다는 것을 깨닫게 되었다. 무자비한 탄압으로 국제 여론도 나빠졌다. 제3대 조선 총독으로 부임한 사이토 마코토는 우리나라 전통과 문화를 인정하는 '문화 통치'로 식민 통치 방식을 바꾸었다.

군인이 아니어도 총독이 될 수 있도록 규정을 바꾸고, 우리나라 사람도 총독부 관리로 임명했다. 헌병 경찰 제도도 보통 경찰 제도로 바꾸어 탄압하지 않는다고 했다. 또 언론, 집회, 결사에 대한 자유를 인정하고 교육 받을 기회를 준다고도 했다.

하지만 문관이 총독이 된 적은 한 번도 없었다. 또 보통 경찰제를 실시해 금테달린 제복과 칼을 차고 다니는 것은 없어졌지만 감시와 탄압이 약해진 것은 아니었다. 오히려 전국에 경찰서를 더 많이 만들고 경찰관 수를 3배 넘게 늘렸다. 치안 유지법을 만들어 식민 지배에 반대하거나 독립운동을 하는 사람을 더욱 강력하게 처벌했다. 우리나라 사람을 관리로 임용했지만 하급직이나 임시직이 대부분이었다.

> **치안 유지법** 일제가 국가 체제나 사유 재산 제도를 부정하는 사상을 통제하고 탄압하기 위해 제정한 법률이다.

《조선일보》, 《동아일보》 등 우리말 신문이 창간되고 잡지 《개벽》 등이 발행되었으나 검열 제도를 만들어 식민 지배를 비판하는 내용이나 애국심을 불러일으키는 기사는 싣지 못하도록 했다. 기사가 마음에 들지 않으면 발행을 중지시키거나 심한 경우에는 폐간시켰다. 집회나 단체 활동도 식민 지배를 인정하는 범위 안에서만 허용했다.

한편, 우리나라 사람에게도 교육 기회를 확대하겠다며 초등 교육 기관인 보통 학교와 중등 교육 기관인 고등 보통학교를 늘리고, 한국어와 한국 역사를 필수 과목으로 인정했다. 하지만 보통학교는 돈을 내야 교육을 받을 수 있었기 때문에 우리나라 학생 취학률은 일본 학생에 비해 6분의 1밖에 안 되었고, 상급 학교로 올라갈수록 그 비율은 더욱 낮았다.

문화 통치는 겉으로는 우리 민족을 위한 정책인 것처럼 보였지만 실제로는 식민 통치 체제를 더욱 강화하는 데에 목적을 둔 기만적인 통치였다. 일제가 문화 통치로 바꾼 것은 가혹한 식민 통치를 숨기고 친일 세력을 적극 양성해 우리 민족을 분열시키려는 목적이었다.

> **해석하기** 일제가 문화 통치로 식민 통치 방식을 바꾼 까닭은 무엇인가요?

해석 2 ─ 민족개량주의자는 어떻게 친일파가 되었나?

3·1 만세 운동 이후, 우리 힘으로 독립을 이루기가 어렵다고 생각한 지식인 계층은 크게 흔들렸다. 일제는 우리나라가 독립하려면 투쟁보다는 실력을 길러야 한다고 지식인을 회유했다.

일제가 적극 포섭 대상으로 삼은 사람은 이광수·최남선·최린 같은 영향력 있는 민족주의 지식인이었다. 독립운동 하던 사람을 친일파로 만들어 우리 민족을 분열시키려 했기 때문이다. 돈을 주거나 높은 지위를 주는 방식으로 3·1 만세 운동 때 민족 대표인 최린을 매수했다. 또 2·8 독립 선언을 주도한 이광수를 회유했고, 독립 선언서를 작성한 최남선을 끌어들였다. 일제는 이들을 이용해 민족개량주의를 퍼트리고 일본과 타협해야 한다는 여론을 만들었다.

> **민족개량주의** 일제가 허용하는 범위 안에서 실력을 기르고, 민족을 개량하자는 주장이다.

이광수는 1922년 최린이 경영하던 월간지 《개벽》에 〈민족 개조론〉을 실어 민족개량주의를 대중에게 선전했다. 이 글에서 우리 민족성이 게으르고 이기적이며 나태하다고 주장했다. 그러니 일제 식민지가 된 것은 오로지 우리 민족성 때문이므로, 독립운동보다 먼저 민족을 개량하고 실력을 길러야 한다고 했다. 민족개량주의 논리로 일제가 내세우는 실력 양성, 민족성 개량 등을 그대로 반영한 내용이었다.

2년 뒤 《동아일보》에 들어간 이광수는 '민족적 경륜'이라는 사설을 썼다. 일제 지배를 인정하고 그 안에서 민족 운동을 펼치자는 내용이었다. 스스로는 독립을 쟁취할 수도 없고 유지할 수도 없으므로, 일본과 협상을 통해 자치권을 얻어내는 것이 최선이라는 것이었다.

그래서 김성수, 송진우, 최린 같은 민족개량주의자는 자치 운동을 펼쳐 나갈 단체인 연정회를 조직하려 했다. 하지만 《동아일보》 불매 운동 등 거센 반발에 부딪혀 자치 운동 단체를 만드는 것은 실패했다.

이처럼 실력 양성과 자치 운동을 주장하던 민족개량주의자는 일제 지배를 인정했고 독립운동을 포기해버렸다. 결국 독립운동에 혼란과 분열을 초래했을 뿐만 아니라 일제가 펼치는 문화 통치에 적극 협조하는 친일파가 되었다.

> **해석하기** 이광수가 〈민족 개조론〉에서 주장한 것은 무엇인가요?

역사 토론

📍 다른 업적이 있는 친일파를 용서해야 할까?

토론 내용 일제 감정기에는 생계를 위해서, 살기 위해서 친일을 할 수밖에 없었다거나, 오랜 기간 동안 지배를 받으면 누구나 친일을 할 수밖에 없었을 것이라며 용서해야 한다는 사람도 있다.

토론 **1.** 용서해야 한다.

일제는 친일을 강요했고, 목숨과 생계를 위협했다. 일본군이 총칼을 겨누는데 살기 위해선 일제에 협력해야 했다. 어쩔 수 없이 친일을 한 것은 용서해 주어야 한다.

토론 **2.** 용서하면 안 된다.

친일파는 어쩔 수 없이 일제에 협력한 사람들이 아니다. 민족을 배반하고 자신이 잘 먹고 잘살기 위해 적극 부역한 사람이다. 친일 행위로 얻은 권력과 재산을 대대로 누리면서 떵떵거리며 잘사는 것을 보고 자란 사람은 나라가 어려움에 처했을 때 결코 나서지 않을 것이다. 친일파를 용서하는 것은 나라를 지키려는 마음이 없는 것과 같다.

토론 **3.** 그래도 용서해야 한다.

이광수는 2·8 독립 선언서를 작성했고 최남선은 '기미 독립 선언서'를 작성하는 등 3·1 만세 운동 핵심 주동자였다. 또 최남선은 최초 신체시 〈해에게서 소년에게〉를, 이광수는 최초 장편소설 〈무정〉을 발표하며 한국 현대 문학 뿌리를 다졌다. 친일을 했더라도 독립운동도 했고 우리 문학사에 업적도 남겼다. 친일은 나쁘지만 다른 업적도 있으니 용서해야 한다.

토론 **4.** 아무리 그래도 용서하면 안 된다.

문학사에 남긴 업적으로 얻은 명성을 내세워 젊은이를 일제를 위한 전쟁에 내몰았고, 일왕에 충성하는 백성이 되라고 세뇌시켰다. 광복이 된 뒤에도 "나는 민족을 위해 친일을 했다."며 반성은커녕 자기 행동을 미화하고 정당화했다. 업적을 세웠다하더라도 친일을 통해 더 큰 부귀영화를 얻기 위한 것이기 때문에 용서해서는 안 된다.

토론하기 다른 업적이 있는 친일파는 용서해야 할까요? 자기 생각을 밝히고, 그 까닭을 쓰세요.

학습 내용 | 정해진 답은 없습니다. 자기 생각을 자유롭게 쓰세요.

해방이 된지 오랜 시간이 지났지만 아직도 우리말 속에 있는 일제 잔재가 청산되지 않고 있습니다. 습관적으로 쓰는 말에서 아직도 청산되지 않은 잔재를 생각해 봅시다.

아직도 남아 있는 일제 잔재

일제 강점기를 거치면서 우리나라 사람들이 쓰는 글은 크게 달라졌다. 한국어와 일본어는 문장 어순이 같으며 발음이 비슷한 말도 많다. 그래서 일제 강점기에 들어와 아직까지 쓰고 있는 말도 많다. 맑은 매운탕을 뜻하는 '지리', 가득을 뜻하는 '잇빠이' 등이 아직도 널리 쓰이고 있다.

말뿐만 아니라 문장에도 일제 잔재가 남아 있다. 조사인 '~의'는 일본말 'の(노)'에서 온 것으로 우리말에 사용하는 빈도가 아주 높다. 국어사전에서 찾아보면 '체언이나 용언의 명사 앞에 붙어 그 말이 관형어의 구실을 하는 관형격 조사'라고 되어 있다. 소유나 소속, 범위나 시간을 가리킨다.

'내 책'을 '나의 책'으로 쓰고, '우리나라 특산물'이라고 쓰면 될 것을 '우리나라의 특산물'이라고 쓴다. 일제 강점기에 신문이나 출판물을 검열 받고 일제 의도대로 고치면서 'の(노)'가 자연스럽게 자리 잡게 되었다.

'나의 살던 고향은' 같이 '의'가 들어간 노래를 널리 부르거나, 애국심을 키우기 위해 '나의 조국' 같은 구호를 널리 외치며 시나 소설 등에도 널리 쓰면서 우리말에 꼭 필요한 글자처럼 깊이 박혀버렸다.

우리말은 '~의'를 사용하지 않아도 자연스럽게 연결된다. 우리말에 필요 없는 'の(노)'를 그대로 받아들여 지금까지 무분별하게 쓰고 있는 것이다.

생각열기 위의 예문에서 '～의'자가 몇 개 들어 있는지 찾아서 써 보고 바르게 고쳐 보세요.

14 총칼로 일제에 맞선 독립군

▲ 청산리 대첩 기념 사진

◀ 봉오동 전투와 청산리 대첩

탐구1 ― 무장 독립 투쟁

　3·1 만세 운동으로 독립에 대한 열망이 더욱 강해졌다. 더 이상 평화적인 방법으로는 독립을 이루는 것이 어렵다는 것을 알게 되었고, 무장 투쟁이 더욱 활발해졌다. 황해도 구월산대, 평안북도 천마산대, 보합단 등이 조직되어 무장 투쟁을 전개했다.

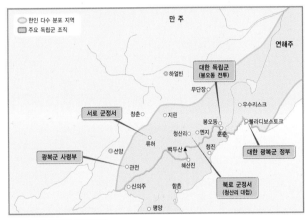

▲ 1920년대 국외 독립운동

　만주와 연해주에도 많은 독립운동 기지가 세워졌다. 1920년대 만주에는 대한 독립군, 대한 독립단, 서로 군정서를 비롯해 여러 독립군 부대가 만들어졌다. 이들은 압록강, 두만강을 건너 관공서와 일본 군대를 공격했다. 1920년에는 1,600여 회나 되는 전투를 벌였다.

　대한 독립군은 홍범도가 항일 의병 출신을 중심으로 400여 명을 모아 조직한 부대이다. 1919년 8월에 압록강을 건너 일본군 수비대를 무찔렀다. 3·1 만세 운동 이후에 성공한 첫 국내 진공 작전이었다.

　북간도에서는 대종교가 만든 중광단이 1,600명에 이르는 군사와 기관포, 대포를 갖춘 북로 군정서로 발전했다. 남만주에서는 신흥 무관 학교 출신이 주축이 되어 서로 군정서를 만들었다. 두 부대는 대한민국 임시 정부와 협력해 봉오동과 청산리에서 크게 승리했다. 무장 독립 투쟁에서 승리했다는 소식은 일제를 물리칠 수 있다는 자신감과 독립에 대한 열망을 더욱 키웠다.

　그러나 일제는 패배에 대한 보복으로 만주와 연해주에 사는 동포 수천 명을 학살하고 마을을 불태웠다. 이 사건을 '경신 참변' 또는 '간도 참변'이라고 부른다.

　근거지를 잃은 독립군 부대는 러시아 자유시(현재 러시아 스보보드니)로 옮겨갔으나 러시아에 의해 무장 해제를 당했고, 저항하는 독립군은 학살당했다. 이 사건을 '자유시 참변'이라 부르며, 많은 독립군이 희생되고 세력도 크게 약화되었다.

　탐구하기　무장 독립 투쟁을 벌인 독립군 부대를 **세 곳 이상** 써 보세요.

탐구 2 ― 봉오동 전투와 청산리 대첩

무장 독립군이 일제와 싸워 크게 이긴 전투는 1920년에 벌어진 봉오동 전투와 청산리 대첩 이다.

봉오동 전투

▲ 홍범도

홍범도는 1868년 평양에서 태어나 1907년부터 항일 의병 활동을 벌였다. 한일 병합이 되자 만주로 본거지를 옮겼으나 자주 국내에 들어와 일본군을 습격했다. 1920년 6월에는 두만강을 건너 함경북도 강양에 있던 일본군 헌병 초소를 습격했다. 이 사실을 안 일본군이 1개 중대를 출동시켰으나 일본군을 유인해 크게 무찔렀다. 일본군이 더 많은 병력을 출동시켰으나 유인책과 기습 공격으로 승리했다.

계속된 패배에 일본군은 대규모 군대로 공격해왔다. 이번에는 좁은 계곡 지대인 봉오동까지 일본군을 유인했다. 몸을 숨기고 있던 독립군 700여 명은 일본군을 포위하고 공격했다. 독립군 4명이 전사하고 일본군 157명이 죽고, 300여 명이 부상당했다. 봉오동 전투 승리는 독립군 사기를 크게 높였다.

청산리 대첩

▲ 김좌진

김좌진은 1889년 충남 홍성에서 태어나 학교를 세우는 것으로 독립운동을 시작했다. 국내 활동이 어려워지자 만주로 건너간 뒤 대한 정의단에 가입했고, 이 단체가 중광단과 합쳐 북로 군정서로 바뀌면서 무장 독립군 사령관이 되었다.

봉오동 전투에서 패배한 일본군은 이 지역에 있는 독립군을 토벌하기 위해 '훈춘 사건'을 만들었다. 일본군이 중국 도적떼를 돈으로 매수해 훈춘에 있는 일본 영사관을 습격하고, 일본인, 중국인, 한국인을 약탈하고 죽이게 한 사건이었다.

일제 토벌에 맞서 북로 군정서를 이끈 김좌진과 대한 독립군을 이끈 홍범도는 청산리에서 일본군을 무찔렀다. 1920년 10월 21일부터 26일까지 10여 차례 벌어진 전투에서 독립군은 60여 명이 전사했고, 90여 명이 부상당했다. 일본군은 1,250여명이 죽고, 200여 명이 부상했다. 이 전투를 청산리 대첩이라 부른다.

봉오동 전투와 청산리 대첩 승리를 이끈 홍범도는 1937년 소련 스탈린이 벌인 한국인 강제 이주 정책에 따라 카자흐스탄으로 옮겨가 1943년에 생을 마쳤다. 청산리 대첩을 이끈 김좌진은 독립군을 키우고, 군자금을 스스로 마련하기 위해 정미소를 운영했으나 1930년에 암살당했다.

🔍 **탐구하기** 1920년 만주에서 홍범도와 김좌진이 이끈 독립군 부대가 승리한 전투는 무엇인가요?

탐구 3 ─ 김원봉과 의열단

▲ 김원봉

김원봉은 경남 밀양에서 태어나 스물 한 살이던 1919년 '끊임없는 무장 투쟁만이 조국 광복을 이룰 수 있다'며 만주 지린성(길림성)에서 암살, 테러, 폭동 등을 일으킬 항일 무장 투쟁 단체인 '의열단'을 만들었다. 단장 김원봉을 포함해 13명으로 출발했다. 의열단 선언서인 〈조선 혁명 선언〉은 언론인이자 역사학자로 마지막까지 일제와 타협하지 않았던 독립운동가 신채호가 작성했다.

의열단은 조국 독립을 위해 과감하고 과격한 투쟁과 희생정신을 강조하고 있으며, 암살 대상은 조선 총독을 비롯한 높은 관리, 일본군 지휘관, 매국노, 친일파, 밀정 등으로 정했다. 파괴 대상은 조선 총독부, 동양 척식 주식회사, 경찰서 등이었다.

※ 의열단 활동

실시 시기	토지 제도	주요 내용
박재혁	1920	부산 경찰서 폭탄 투척
김익상	1921	조선 총독부 폭탄 투척
오성륜, 김익상	1922	중국 상하이 세관 부두에서 일본군 대장에게 폭탄 투척
김상옥	1923	종로 경찰서 폭탄 투척
김지섭	1924	도쿄 왕궁에 폭탄 투척
나석주	1926	동양 척식 주식회사에 폭탄 투척

의열단은 조선 총독부, 종로 경찰서, 동양 척식 주식회사 등에 폭탄을 투척했고, 일본군 대장 저격 등 무장 투쟁으로 일제를 위협했다. 1920년대 후반부터는 개인이 벌이는 무장 투쟁에 한계가 있다고 판단하고, 투쟁 노선을 바꾸었다.

황포 군관 학교 중국 국민당을 이끈 쑨원이 군간부를 양성하기 위해 중국 광저우에 세운 학교이다.

김원봉을 비롯한 의열단원은 황포 군관 학교에 입학해 체계적인 군사 훈련을 받았다. 김원봉은 1930년대에는 혁명 간부 학교와 조선 의용군을 만들었다. 조선 의용군은 1940년에 대한민국 임시 정부가 만든 광복군에 합류했다.

조국 독립을 위해 끊임없이 무장 투쟁을 이끈 김원봉은 해방이 되자 귀국했다. 하지만 새로운 나라 건설을 놓고 벌어진 극심한 좌우 대립 속에서 북한으로 가고 말았다. 북한에서도 노동훈장을 받는 등 많은 활약을 했지만 중국 장제스 스파이로 몰리자 1958년 옥중에서 스스로 목숨을 끊었다.

탐구하기 김원봉이 중심이 되어 만주에서 결성한 무장 투쟁 독립운동 단체는 무엇인가요?

탐구 4 ⏤ 신흥 무관 학교를 설립한 이회영

▲ 이회영

　　이회영은 영의정과 좌의정을 계속 배출한 이름난 가문 출신이었다. 1905년 일제가 외교권을 빼앗으려고 하자 이동녕, 이상설 등과 함께 상소를 올려 격렬하게 항의를 했다. 하지만 을사늑약이 체결되자 무장 독립운동 기지를 세울 터를 찾아 만주로 건너가 간도 용정에 머물면서 서전서숙을 설립했다.

　　1910년 한일 병합이 이루어지자 이회영은 형제를 불러 모아 만주로 가자고 했다. "이제 한일 병합이라는 괴변을 당하여 조선은 왜적에 속하였습니다. 우리가 이름난 가문으로 마땅히 지켜야 할 도리가 훌륭한 선비 정신인데, 왜적치하에서 노예가 되어 생명을 구도하면 짐승과 다를 바가 무엇이겠습니까? 이때에 우리 형제는 당연히 생사를 막론하고 처자식을 인솔하고 중국으로 망명해 우리나라에서 벌이던 모든 일을 만주로 옮겨 실천하고자 합니다." 이회영을 비롯한 6형제는 일제히 망명을 결의했다. 그해 12월 가족 40여 명이 망명길에 올랐다. 전 재산을 팔아 가져간 돈은 40만원인데 현재 가치로 600억이 넘는다고 한다.

　　명문가 집안이 모두 만주로 떠나는 것은 쉬운 일이 아니었다. 한일 병합을 한 일제는 가장 먼저 이름난 양반에게 귀족 작위와 엄청난 돈을 주고 보호해 줌으로써 지배층이 저항하는 것을 막으려 했다. 이회영 형제는 이 모든 것을 뿌리치고, 만주에서 독립군 양성 학교인 신흥 강습소를 세웠다. 무료로 운영되었고, 입학하려고 하는 젊은이가 많아지자 신흥 무관 학교로 개편하고 분교도 세웠다.

　　신흥 무관 학교 학생은 독립 전쟁을 이끌 지휘관 양성을 위한 군사 훈련을 받는 것을 비롯해 우리나라 말과 지리, 역사 등 민족의식을 높이는 교육도 받았다. 교재인 《국민독본》에는 우리 역사에서 승리한 전쟁과 이름난 장수를 소개함으로써 우리 민족에 대한 자긍심을 심어 주었다. 10년 동안 졸업한 3천 여 명은 봉오동 전투 및 청산리 대첩에서 승리를 이끈 주역이 되었다.

　　이회영은 신흥 무관 학교에서 멈추지 않고 독립운동 자금 모으기, 고종 망명 계획 수립, 새로운 독립운동 기지 건설 등 노력을 계속했다. 그러나 나라 독립에 모든 것을 바치고, 자기 몸과 가족은 제대로 돌보지 못했다. 1932년 66세에 무장 독립 투쟁을 위해 대련으로 이동했으나 체포되어 고문을 견디지 못하고 순국했다.

 탐구하기 　이회영이 독립군 양성을 위해 세운 학교는 무엇인가요?

해석 - 독립군이 승리할 수 있었던 까닭

1920년대를 전후해 독립군은 만주와 연해주 일대, 국내 잠입 전투 등에서 일본군을 상대로 많은 승리를 했다. 일본군에 비해 무기도 빈약하고, 훈련도 부족한 독립군이 승리를 할 수 있었던 까닭은 무엇일까?

첫째, 지리적 이점이 있었다.

만주와 연해주는 중국과 소련 땅이었기 때문에 일본군이 감시하기 쉽지 않았다. 계곡 등으로 둘러싸인 지역이 많아서 작은 규모로 싸우던 독립군이 전투를 하거나 숨기에도 좋았다. 또 우리나라 영토와 가까운 곳이어서 수시로 국경을 넘어 일본군을 습격하기에도 좋았다.

둘째, 경험이 많은 의병 출신 지휘자가 있었다.

독립군을 이끄는 의병 출신 지도자도 큰 도움이 되었다. 국내에서 이미 의병 항쟁으로 많은 전투 경험을 가지고 있었다. 이들은 병사를 체계적으로 훈련하고 뛰어난 전략과 전술로 전투를 지휘했다. 또 여러 독립군 단체가 연합 전선을 만들어 함께 행동할 수 있었던 것도 큰 힘이 되었다.

셋째, 헌신적인 지원을 한 동포가 있었다.

일본군과 전투를 벌인 곳은 주로 만주와 연해주였다. 이곳은 조선 후기부터 살기 어려운 우리나라 북쪽 지역 농민이 넘어와 기반을 잡고 있던 곳이었다. 일제에 나라를 빼앗긴 뒤에는 생계를 위해서만이 아니라 독립운동을 하기 위해서 온 사람도 많았는데, 의병 부대가 단체로 이동한 경우도 있었다. 독립군이 일본군과 전쟁을 벌이던 때 만주 등지에 있는 한국인이 100여만 명이나 되었다고 한다. 이렇게 많은 한국인은 독립운동을 하는 데 큰 힘이 되었다.

이 지역 주민은 독립군에게 식량이나 옷 등을 제공하고, 어려운 형편에도 자금을 지원했다. 길잡이 역할을 하기도 하고, 비밀 통신원이 되기도 했으며, 독립군에 가담하기도 했다.

해석하기 독립군이 어려운 여건 속에서도 승리할 수 있었던 까닭은 무엇인가요?

역사 토론

📍 의열단이 벌인 무장 투쟁은 옳은 방식이었나?

토론 내용   의열단은 조국 독립을 위해 과격한 투쟁과 희생정신을 강조했다. 조국 독립을 위해서라는 명분이 있었지만 무장 투쟁은 폭력이라는 사람도 있다.

 1. 옳지 않다.

의열단은 무장 투쟁이라고 했지만 폭력을 통해 목적을 이루려는 것은 옳은 방식이 아니다. 무장 투쟁을 벌이는 과정에서 총이나 폭탄에 죄 없는 사람이 희생될 수도 있다.

 2. 아니다. 옳은 방식이다.

3·1 만세 운동 때에도 평화로운 방법으로 독립을 요구했지만 일제는 총칼로 탄압했다. 일제가 나라를 무력으로 빼앗고 무력으로 통치하기 때문에 되찾을 수 있는 방법은 무장 투쟁밖에 없었다.

 3. 그래도 옳지 않다.

폭력은 또 다른 폭력을 부를 뿐이다. 독립을 위해서라는 명분이 있지만, 일제가 보복을 해서 많은 희생이 뒤따랐다. 또 탄압과 감시가 심해져 독립을 위한 다른 활동도 위축시킬 수 있다.

 4. 아무리 그래도 옳은 방식이다.

의열단은 일본 고위층이나 친일파 등을 암살 대상으로 삼았다. 의열단이 민간인에게 피해를 주었다는 기록은 없다. 일제 식민 지배에 앞장 선 인물을 암살하고 기관을 폭파해 일본 사람에게는 공포심을 심어 주고 우리나라 사람에게는 독립 의지를 높여 주었다.

토론하기   의열단이 벌인 무장 투쟁은 옳은 방식인가요? 자기 생각을 밝히고, 그 까닭을 쓰세요.

_____

_____

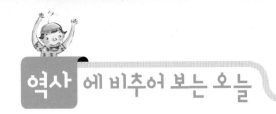

학습 내용 | 정해진 답은 없습니다. 자기 생각을 자유롭게 쓰세요.

◐ 독립운동가는 일제 강점기에 탄압을 받아서 어려움을 겪었지만, 후손은 경제적인 어려움으로 힘들게 살아가고 있는 것에 대해 생각해 봅시다.

독립운동가 차치명(1873~1956) 선생 손자인 차수복 할아버지 이야기

지난 2004년 8월 17일자 오마이뉴스에 독립운동가 차치명 선생 손자인 차수복 할아버지 이야기가 실렸다.

독립운동가 차치명 선생은 공주, 홍성, 예산 등을 무대로 의병 활동을 벌였고, 자기 재산을 군자금으로 제공했다. 1909년에는 군자금을 마련하기 위해 일본인 집에 들어갔다가 '강도죄'로 7년형을 선고받았다. 일제는 차치명 선생이 가진 남은 재산을 모두 빼앗았고, 해방 뒤에도 그 재산을 돌려받지 못했다. 큰 부자였던 이 집안은 나라를 지키려다 빈털터리가 되었고, 후손은 어려운 삶을 살아왔다고 한다. 정부는 선생이 고인이 되고 한참이 지난 1990년에 와서야 건국훈장 애국장을 추서했다.

할아버지를 만나러 간 기자에게 '충청남도 증(贈)'이라는 글씨가 선명하게 박힌 홍삼엑기스 선물세트를 가리키며

"독립유공자 후손이라고 받는 건, 광복절 때 저거 하나 뿐이여."

라고 말했다. 2004년 당시 71세였던 할아버지는 국민기초생활수급자로 지정되어 매달 받는 30만원이 전부였다. 겨울이 닥치면 난방비가 부족해 전기담요 한 장으로 견디는 날이 많다고 했다. 처음 국민기초생활수급자로 지정될 당시에도,

"독립유공자 집안인데 보훈처에서 받는 게 있지 않느냐?"

면서 중복 지원을 의심받았다고 한다. 할아버지는 '독립유공자가 해방 이후 사망했을 경우 아들까지만 보상을 한다.'는 보훈 규정에 묶여 아무런 보상도 받지 못하고 있었다.

2015년 자식이 사망한 경우에 한해 손자 가운데 한 명이 보상을 받을 수 있다는 보훈처 규정이 바뀌었다. 하지만 독립 유공자 후손 대부분은 국가로부터 보상을 받지 못한 채 어려운 삶을 살아왔고 지금도 살아가고 있다.

2017년 문재인 정부는 독립 유공자에 대한 지원을 2018년부터 대폭 늘리겠다고 발표했다.

✂ **생각열기** 2017년 문재인 정부가 발표한 내용이 어떻게 진행되고 있는지 사례를 찾아 쓰고, 그에 대한 느낌을 써 보세요.

_____

_____

나라밖에서 탄압받은 우리 동포들

역사 연대기

1905년 | 최초로 노동 이민을 감
1921년 | 자유시 참변이 일어남
1923년 | 관동 대지진이 일어남
1937년 | 소련이 한국인을 강제 이주시킴

학습 목표

❶ 자유시 참변을 이해할 수 있다.
❷ 관동 대지진을 파악할 수 있다.
❸ 카레이스키를 설명할 수 있다.
❹ 재외동포 인정 범위를 생각할 수 있다.

교과 연계

▲ 조선인 폭동설이 실린 《매일신보》

▲ 1937년 강제 이주

탐구 1 ▪ 간도 참변과 자유시 참변

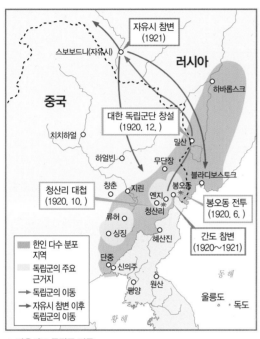

▲ 자유시로 독립군 이동

봉오동 전투와 청산리 대첩에서 크게 패한 일제는 이에 대한 보복으로 간도 일대에 있는 한국인 마을에 들어가 한국인을 무차별 학살하고, 집, 교회, 학교, 곡식 등을 불태운 간도 참변을 일으켰다. 독립군 근거지를 없앤다는 명분으로 1920년 10월부터 시작된 보복 만행은 1921년 봄까지 계속되었다. 1920년 10월과 11월에만 한국인 3,600여 명, 집 3,500여 채, 학교 59곳, 교회 19곳, 곡식 약 6만석을 불태웠다. 간도 참변이 일어나자 만주에 있던 여러 독립군 부대가 한국인 피해를 줄이고, 토벌 작전을 피하기 위해 북쪽으로 이동했다. 중국과 러시아 국경 지대로 이동한 독립군 가운데 일부는 만주로 되돌아왔고, 일부는 러시아 자유시로 이동했다. 자유시에는 만주 지역에서 이동한 독립군 부대뿐 아니라 연해주 지역에서 이동한 독립군 부대도 있었다. 사회주의 혁명에 성공한 러시아 적군(혁명군)은 반대 세력인 백군파와 전쟁 중이었기에 독립군에 우호적이었다. 러시아 적군은 독립군 부대가 단일 부대로 재편성되어 도와주기를 원했다. 하지만 부대를 하나로 통합하는 과정에서 주도권을 놓고 충돌했고, 러시아가 무장 해제에 나서서 사상자가 생겼다.

이때 희생된 독립군 수는 자료마다 크게 차이가 난다. 〈재로고려혁명군대 연혁〉에는 사망 36명, 포로 864명, 행방불명 59명으로 되어 있고, 〈간도 지방 한국 독립단의 성토문〉에서는 사망 272명, 익사 31명, 행방불명 250명, 포로 917명으로 되어 있다.

이러한 자유시 참변으로 만주로 되돌아온 독립군은 부대 통합 운동을 벌였다. 압록강 둘레에는 임시 정부가 직접 관할하는 참의부, 남만주에는 정의부, 북만주에는 신민부를 만들었다. 세 조직은 관할하는 구역을 나누어 동포들을 다스리는 정부 역할을 하면서 서로 충돌하지 않으려 애썼다.

> **탐구하기** 일제가 봉오동 전투와 청산리 대첩에서 패배한 보복으로 간도 일대에 있는 한국인 마을을 습격해 학살하고 불태운 사건은 무엇인가요?

탐구 2 ~ 관동 대지진과 조선인 대학살

　1923년 9월 1일, 도쿄와 요코하마를 중심으로 하는 일본 관동 지방에 진도 7.9인 지진이 일어났다. 10만여 명이 목숨을 잃었고, 집 50만 채가 무너졌다. 그러나 일본에 살고 있던 우리나라 사람에게는 지진보다 큰 비극이 시작되었다. "조선인이 폭동을 일으킨다. 폭탄을 갖고 다닌다. 불을 지른다. 우물에 독약을 뿌린다."는 소문이 여러 신문에 보도되면서 사실로 믿은 일본 사람들이 우리나라 사람을 학살한 것이다.

　2일 오후부터 3일 사이에 일본 정부는 전국 지방 장관에게, '도쿄 부근에서 일어난 지진을 이용해 조선인이 불을 지르고, 폭탄을 갖고 석유를 뿌리는 자가 있다. 모든 지역에서 조선인이 하는 행동을 엄밀히 단속해주기 바란다.'는 전보를 보냈다. 조선 총독부와 대만 총독부에도 보냈다.

　일본 정부는 자경단을 조직해 마을을 스스로 지키라고 했다. 도쿄 부근에만 3,600여 개나 되는 자경단이 조직되었고, 2일 오후 6시에 계엄령이 선포되면서 '조선인 사냥'이 시작되었다. 경찰은 자경단에게 우리나라 사람을 죽여도 된다고 했다. 칼, 곤봉, 죽창, 낫 등으로 무장한 자경단은 어린이와 임산부도 가리지 않고 무자비하게 죽였다. 일본 사람이라고 하면 일본말을 시켜서 발음이 다르면 죽였다. 지방에서 온 사람이 발음이 달라 죽는 일이 생기자 일본 사람은 머리띠를 두르라고 해서 구별했다.

　그러나 며칠이 지나지 않아서 소문은 모두 거짓으로 드러났다. 일본소방본부는 소방대가 불을 끈 곳은 23곳이지만 일부러 불을 지른 곳은 한 군데도 없었다고 했다. 또 폭탄 던질 장소를 분필로 표시해 둔 것은 신문이나 우유 배달부가 배달할 곳을 표시한 것이었다. 폭탄을 가지고 다닌다는 것도 주머니 속에 넣고 있던 사과로, 우물에 독약을 넣는다는 것도 쌀 씻는 것을 보고 낸 헛소문으로 밝혀졌다.

　9월 6일이 되어서야 일본 정부는 헛소문을 퍼뜨리면 징역에 처할 것이고, 조선인을 해치지 말라는 담화문을 발표했다. 그러나 이미 6,600여 명이나 되는 사람이 목숨을 잃은 다음이었다. 관동 대지진이 '관동 대학살'이 된 것이었다. 조선 총독 사이토 마코토는 9월 21일 신문에 '조선인이 학살당했다는 확실한 증거가 없으며 조선인 피해는 겨우 두 명뿐'이라고 거짓으로 발표했다.

 탐구하기　1923년 9월에 일본 관동 지방에서 일어난 지진은 무엇인가요?

탐구 3 ◦ 영원한 고려인, 카레이스키

　소련 지도자 스탈린은 일제가 연해주에 살고 있는 우리나라 사람을 첩자로 삼아 소련 침략에 필요한 정보를 얻는다고 여겼다. 일제 침략을 막는다는 이유로 먼 곳으로 이주시키는 명령을 내렸다.

　1937년 가을, 18만 명이나 되는 우리나라 사람이 제대로 준비도 하지 못한 채 역으로 나가야 했다. 역에 있는 열차는 가축이나 곡물, 석탄 등을 운반하던 화물 열차였다. 화장실이나 수도 시설이 없었고 창문조차도 없었다. 컴컴한 열차 한 칸에 수십 명이 넘도록 빽빽하게 타야 했으며, 제대로 눕지도 못한 채 실려 갔다. 굶주림과 추위로 많은 사람이 목숨을 잃었다. 열차가 멈추면 내려서 밥을 지어 먹고 시체를 묻었다. 반항하거나 도망치는 사람은 총살을 당했다. 아무도 나서서 따지거나 도망칠 수도 없었다. 어딘지도 모르게 한 달이 넘도록 달려서 도착한 곳은 중앙아시아 땅이었다.

　우리나라 사람이 가장 많이 이주한 카자흐스탄과 우즈베키스탄은 아무런 준비가 되어 있지 않아서 토굴, 창고, 마구간을 개조하거나 갈대로 움막집을 짓고 살아야 했다. 봄이 되자 연해주에서 가져간 삽·괭이·호미는 물론 수저나 막대기까지 동원해 물길을 만들었다. 오랫동안 물을 대서 땅속에 소금기를 빼낸 다음, 벼를 심었다. 중앙아시아는 여름 기온이 40도까지 오르는 더운 지방이라 논에 댄 물도 뜨거워지고, 농기구와 가축도 부족했지만 모든 어려움을 이겨내고 벼농사에 성공했다.

　중앙아시아 사람들은 정체성을 잃지 않고 살아가는 우리나라 사람을 카레이스키(고려인)라고 불렀다. 카레이스키는 지금까지도 우리 문화를 지키며 살고 있다.

　우리글과 예술혼을 지키려 1923년에 블라디보스토크에서 〈아방가르드(선봉)〉란 이름으로 창간됐던 우리말 신문이 지금도 알마티에서 〈고려일보〉로 이름을 바꿔 발행되고 있다. 1932년 블라디보스토크에 세운 고려 극장도 카자흐스탄으로 옮겨와 춘향전, 심청전 등 우리말 공연을 이어 오고 있으며, 지금은 카자흐스탄 국립 극장으로 운영되고 있다. 1991년에 세종한글학교가 세워져 우리말과 글을 가르치고 있다.

　탐구하기 1937년에 소련 지도자 스탈린이 연해주에 살던 우리나라 사람을 강제 이주시킨 곳은 어디인가요?

탐구 4 ➡ 멕시코 이주 노동자

1905년 4월 4일, 남자 8백 2명, 여자 2백 7명, 어린이 24명 등 총 1천33명이 영국 상선 일포드호를 타고 인천항을 떠났다. 일제 침략으로 어수선하고 가난에 시달리는 우리나라를 떠나서 외국에서 행복하게 살 수 있다는 말을 믿은 이민자는 대부분 양반이었다.

일본 요코하마를 거쳐 멕시코에 도착했으나 이민 중개인이 농장 노동자로 4년 동안 계약을 해 놓은 노동 이민이었다. 이민자들은 30여 개 농장에 흩어져 일을 했다. 대부분 에네켄 농장이었는데, 2미터나 되는 에네켄을 베어서 실을 뽑아냈다. 이 실은 마대나 밧줄을 만드는 원료였다.

인천에서 이민을 간 최병덕은 '손에는 피가 멈추는 날이 없고, 에네켄 가시에 찔려서 온몸이 상처투성이가 되었으며 농장을 관리하는 감독은 채찍으로 사람을 짐승처럼 때린다.'고 농장 시절을 회상했다. 《황성신문》이 1905년 7월 29일자 사설에서 비참한 실상을 다루었다.

> "멕시코 원주민인 마야족 노예는 5~6등급이고, 한인 노예는 7등급으로 가장 낮은 값이다. 조각나고 떨어진 옷을 걸치고, 다 떨어진 짚신을 신었다. 아이를 팔에 안고, 등에 업은 여인은 가축 같은데 눈물 없이는 볼 수 없다. 일을 제대로 하지 못하면 무릎을 꿇리고, 때린다. 살가죽이 벗겨지고 피가 낭자한 비참한 모습을 차마 눈뜨고 볼 수 없도다. 통탄, 통탄이라."

멕시코에서 돼지 한 마리가 80전이었는데, 우리나라 이민자 한 사람 몸값은 30전에 불과했다. 《황성신문》은 이틀 뒤에 무책임하게 이민 정책을 펴는 정부를 비판하는 사설을 실었지만, 우리 정부는 제대로 된 대책을 세울 힘이 없었다. 4년이 지나고 노동 계약이 끝났지만 가진 돈은 없었고, 우리나라가 일제 식민지처럼 되어 버려서 돌아가기도 어려웠다. 미국에 있던 우리나라 단체인 '국민회'가 황사용과 방화중을 파견해 멕시코에 살고 있는 우리나라 사람을 돕기 시작했다. 1909년에 멕시코 남동부 지방에 자리 잡은 메리다시에 지방회를 만들었다. 우리나라 사람이 서로 돕고 조국 독립을 후원하는 조직이 되었다. 지방회를 중심으로 힘을 모아 독립군을 이끌 간부 사관을 키워내는 숭무 학교를 비롯해 진성 학교와 해동 학교를 세워 민족 교육을 이어갔다.

 멕시코로 이민을 간 우리나라 사람이 일한 농장은 무엇을 키우는 곳이었나요?

해석 · 일본은 관동 대지진 헛소문을 왜 퍼트렸나?

관동 대지진이 일어난 1923년 무렵 일본은 나라 안팎으로 큰 위기에 처해 있었다. 일본 공산당이 창당되어 사회주의 활동이 활발해졌고, 2·8 독립 선언과 3·1 만세 운동으로 우리나라 독립 의지가 높아지고 있었다. 대한민국 임시 정부는 일제가 우리나라를 강제로 점령하고 있다는 것을 전 세계에 널리 알렸고, 일제는 국제 무대에서도 침략 국가라는 악명이 높아졌다.

또 제1차 세계 대전이 끝날 무렵부터 일본 경제는 불황에 접어들었다. 물가가 치솟고, 실업자가 늘어갔다. 일본 정부는 실업자에 의한 사회 불안 원인을 일본에 살고 있는 우리나라 사람 탓으로 돌렸다. 일본 실업자들은 우리나라 사람을 '밥줄을 빼앗는 놈들'로 생각했다. 그런 가운데 8월 23일 총리가 암살당했고, 내각이 총사퇴했다. 다음 내각이 세워지지도 않은 9월1일에 지진이 일어난 것이었다.

일본 정부는 정치 위기를 벗어나고, 정권 기반을 굳히기 위해 지진으로 생긴 혼란을 이용했다. 지진이 일어난 다음 날, '조선인이 폭동을 일으켰다.'는 소문을 퍼뜨렸다. 소문을 내라고 한 사람은 내무 대신 미즈노와 경시총감 아카이케였다. 3·1 만세 운동 때 조선 총독부 정무총감과 경무국장으로 폭력을 써 만세 운동을 탄압한 사람이었다. 지진으로 혼란에 빠지면 우리나라에서 3·1 만세 운동이 일어난 것처럼 일본에서 민중 봉기가 일어날지도 모른다는 두려움에 사로잡혔다. 사람들이 느끼는 공포와 분노를 다른 곳으로 돌려 혼란을 가라앉히고 무질서를 바로잡기 위해 우리나라 사람을 희생양으로 삼았다.

이 희생양에는 우리나라 사람뿐만 아니라 일본 사회주의자나 무정부주의자도 포함되었다. 그러므로 관동 대학살은 지진이라는 천재지변을 이용해 일본 군국주의자가 반정부 세력과 우리나라 사람을 탄압하고 정권을 유지하기 위해 일으킨 사건이었다.

일본 정부는 죽임을 당한 사람이 얼마나 되는지, 누가 어떻게 학살을 했는지, 처벌은 어떻게 할 것인지, 희생당한 사람을 어떻게 보상할 것인지에 대한 조치를 전혀 취하지 않았다. '수용소를 만들어 조선인을 보호했다.'며 조사에 나서지도 않았다. 나중에 문제가 되자 마지못해 죽은 사람이 수백 명 정도라고 얼버무리며 끝까지 조사를 거부한 것도 떳떳하지 못한 일을 저질렀기 때문이다.

 해석하기 일본 정부가 관동 대지진이 일어났을 때 조선인을 학살한 까닭은 무엇인가요?

역사 토론

📍 **스탈린은 왜 연해주에 사는 고려인을 중앙아시아로 강제 이주시켰을까?**

[토론 내용] 1937년 소련 스탈린은 연해주에 사는 우리 동포에게 아무런 예고도 없이 화물 기차에 태워서 중앙아시아로 강제 이주시켰다.

 1. 일본 스파이를 막으려 했기 때문이다.

1937년은 일제가 중·일 전쟁을 일으켜 대륙을 침략한 시기다. 일본이 우리나라를 차지하고 있기 때문에 중국뿐만 아니라 두만강을 건너서 언제든지 소련 땅인 연해주로 쳐들어올 수 있다고 여겼다. 우리나라 사람도 일본 사람이라고 여겼기 때문에 연해주에 사는 우리나라 사람이 일본 침략을 돕기 위해 스파이 활동을 한다고 믿었다. 일제가 중국으로는 쳐들어갔으나 연해주를 침략하지 못한 까닭은 고려인 강제 이주 정책 덕분인지도 모른다.

 2. 우리나라 사람이 연해주에 자리 잡지 못하도록 만들기 위해서였다.

간도 땅은 조선 영토였고, 연해주는 해삼위라고 불렀다. 대한 제국 고종도 1902년에 이범윤을 간도 관리사로 보냈다. 이범윤은 포수를 모아 사포대라는 군대를 만들고, 러·일 전쟁 때는 일본군과 싸웠다. 최재형과 힘을 합쳐 의병 부대를 만들고 국내 진공 작전도 벌였다. 일제를 피해 이주해 온 동포와 힘을 합치면서 큰 조직으로 발전하자 우리나라 사람이 연해주를 차지한다고 믿었다. 우리 동포가 떠나버리자 연해주에 다져 놓은 터전도 모두 사라졌고, 지금도 우리 땅이라는 주장을 하지 못하고 있다.

 3. 중앙아시아 지역을 개발하기 위해서였다.

우리나라 사람은 어디를 가든지 열심히 일한다는 사실을 스탈린은 잘 알고 있었다. 소련 영토였으나 기후와 교통이 나빠서 개발이 되지 않는 중앙아시아 지역에 우리 동포를 보내면 자연스럽게 개발이 될 것이라고 생각했다. 우리 동포는 이주해 간 땅에 벼농사를 짓기 시작했고, 든든하게 자리를 잡았다. 지금까지도 우리 문화를 지키며 대대로 살고 있다. 중앙아시아에 벼농사가 시작된 것은 우리 동포가 이주해 간 덕분이다.

[토론하기] 스탈린이 연해주에 살던 우리 동포를 중앙아시아 땅으로 강제 이주시킨 이유는 무엇일까요? 자기 생각을 밝히고, 그 까닭을 쓰세요.

학습 내용 | 정해진 답은 없습니다. 자기 생각을 자유롭게 쓰세요.

● 재외 동포 지위를 고려인 후손 3세까지만 주는 것에 대해서 생각해 봅시다.

우리나라에 살고 있는 카레이스키(고려인 후손)는 5만 5천 명 정도가 된다. 카레이스키는 우리나라가 일제에 강점당했을 때 먹고 살 길을 찾거나 독립운동을 하려고 연해주나 만주로 갔다가 돌아오지 못한 사람 후손이다. 우리나라 사람 후손이므로 당연히 동포로 받아들여야 한다고 주장한다.

카레이스키도 교포이므로 3세까지는 재외 동포로 인정되지만 4세부터는 외국인이다. 외국인은 우리나라에 사는 교포라 하더라도 일정한 기간이 지나면 자기 나라로 돌아갔다가 와야 한다.

'고려인 후손은 조국으로 돌아올 수 있는 권리가 있다.'면서 카레이스키 4세도 동포로 인정해서 우리나라에서 편히 살 수 있도록 도와 달라고 한다.

동포로 인정을 받으면 자기 나라로 돌아갔다가 오느라고 다니던 직장이나 학교 공부를 비롯해 하던 일을 그만두지 않아도 되고 다녀오느라 많은 돈을 쓰지 않아도 된다. 또 우리나라 사람으로 당당하게 살아갈 수 있다.

그러나 재외 동포로 인정하면 안 된다는 주장도 있다. 4세까지도 인정하면 너무 많은 사람에게 재외 동포 지위를 주게 되는 문제가 생긴다. 3세라면 우리나라에 살다가 간 사람이 할아버지니까 얼굴을 본 사이일 수도 있지만 4세라면 증조할아버지니까 얼굴도 모를 가능성이 높다. 대대로 우리나라 사람과 결혼하지 않았다면 3대에 걸쳐서 외국인과 결혼한 것이기 때문에 혈통으로도 외국인에 더 가깝다. 외모도 우리나라 사람과 다르게 생겼을 것이다.

생각열기 고려인 후손 4세에게도 재외 동포 지위를 주어야 할까요? 자신의 생각을 써 보세요.

첨삭 지도

학습 가이드
& 예시 답안

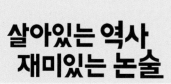

살아있는 역사
재미있는 논술

❸ 붕당 정치에서 관동 대지진까지

01 붕당과 환국 정치

탐구 1 붕당 정치 전개 과정

탐구하기 1 •동인: 김효원이 동대문 쪽에 살았기 때문
•서인: 심의겸이 서대문 쪽에 살았기 때문

탐구하기 2
견제, 비판 / 자기 당에 이익, 독차지

탐구 2 두 차례에 걸쳐 나타난 예송 논쟁

탐구하기 효종과 효종 비가 죽자 자의 대비가 상복을 입어야 하는 기간을 둘러싸고 서인과 남인이 대립한 사건 / 효종이 차남으로서 왕위에 올랐기 때문

탐구 3 숙종과 환국

탐구하기

구분	환국이 일어난 까닭	집권 세력
경신환국 (1680)	남인인 영의정 허적이 집안 잔치에 쓸 천막을 왕 허락 없이 빌려감	서인
기사환국 (1689)	남인 계열인 희빈 장씨가 낳은 왕자를 세자로 책봉	남인
갑술환국 (1694)	숙종이 인현 왕후를 폐위시킨 것을 후회함	서인

해석 예송 논쟁은 왜 발생했나요?

해석하기 서인 주장에 따르면 효종이 아닌 소현 세자 아들이 왕위를 계승해야 했다. 효종이 왕위에 오를 수 없는데도 왕위에 올랐다는 것이다. 따라서 효종 아들인 현종이 왕위를 계승한 것을 부정하는 꼴이 되는 셈이다.

토론 붕당 정치는 쓸모없는 정치 싸움이었나?

1) 쓸모없는 정치 싸움이었다.
　상복 입는 기간을 두고 다툰 예송 논쟁은 국력 낭비였을 뿐이었다. 백성을 위한 정치는 안하고 자기 당 이익만을 위해 경쟁하느라 조선은 근대화가 늦어졌고, 결국 일제에 식민 통치까지 받게 되었다.

2) 활발한 정치 활동이었다.
　붕당 정치는 상대 당에게 흠을 잡히지 않으려고 책임 있는 정책을 펼치면서 비판과 견제 기능을 했다. 또 정치

가 활발해지고 참여하는 폭도 넓어졌다.

역사에 비추어 보는 오늘

도움말 현재 우리나라뿐 아니라 대부분 나라가 여러 정당이 활동하는 다당제를 시행하고 있습니다. 왜 제한을 두지 않고 여러 정당이 활동할 수 있도록 했는지, 많은 정당이 활동하면 어떤 점이 좋을지 생각해 보는 질문입니다.

생각열기 예 복잡한 현대 사회 곳곳에서 나오는 다양한 의견을 수렴해서 정책에 반영할 수 있게 되고, 전문성을 가진 당원이 소속되어 있는 만큼 보다 깊이 있는 정책 대안 제시가 가능하다.

02 영·정조 시대, 문화가 꽃피다

탐구 1 영조가 펼친 정책

탐구하기 탕평책

탐구 2 정조가 펼친 정책

탐구하기 규장각

탐구 3 조선 최고 화가, 김홍도와 신윤복

탐구하기 풍속화

해석 1 조선 후기 사회 변화는 서민 문화를 등장시켰다

해석하기 조선 후기 서민들도 농업 생산량 증대, 상공업 발달 등으로 부를 축적하면서 경제력이 뒷받침되자 예술과 문화에 관심을 갖게 되어 서민 문화가 등장했다.

해석 2 수원 화성에 담긴 이모저모

해석하기 정약용이 발명한 거중기와 녹로 등을 이용해 공사 기간을 줄일 수 있었고, 일꾼에게 품삯을 지급해 능률적으로 일할 수 있었기 때문이다.

토론 수원 화성은 군사 도시일까, 상업 도시일까?

1) 군사 도시이다.

　수원 화성은 봉돈, 공심돈, 노대, 적대 등 우수한 방어 시설을 갖추도록 설계되었으며, 첨단 기술과 과학 원리를 적용한 군사 도시이다.

2) 상업 도시이다.

　수원은 교통이 발달한 곳이다. 나라에서 돈을 빌려주어 상업을 장려시킨 것을 보면 교통 요지에 건설한 우리나라 최초 상업 도시이다.

역사에 비추어 보는 오늘

도움말 문화는 사전적 정의로 자연 상태에서 벗어나 삶을 풍요롭고 편리하고 아름답게 만들어가고자 사회 구성원에 의해 습득, 공유, 전달이 되는 행동 양식을 말합니다. 문화는 시대에 따라 새롭게 나타나기도, 사라지기도 합니다. 농경 사회에서 산업 사회로, 산업 사회에서 정보 통신 사회로 변화하면서 어떤 문화가 새롭게 생겨났는지, 무엇이 달라졌는지, 왜 나타났는지 생각해 보는 질문입니다.

생각열기 1 예 야시장 문화가 새롭게 생겨나고 있다. 도심 속에서 피크닉을 즐기고, 아름다운 야경을 보며 문화와 다양한 나라 음식을 맛볼 수 있는 '서울 밤도깨비 야시장'이 여의도 월드나이트마켓, 반포 낭만달빛마켓, DDP 청춘 런웨이마켓, 청계천 타임투어마켓, 문화비축기지 숲속피크닉마켓 등으로 열리고 있다.

생각열기 2 예 세상에 없는 것을 만들고 시대에 따라 다양하게 즐기려는 욕구가 있기 때문이다.
예 스마트폰이나 SNS를 통해 빠르게 전파되어 신문화를 즐기려는 집단 유행이기 때문이다.

03 실학과 대동여지도

탐구 1 백성을 위한 학문, 실학

탐구하기 임진왜란과 병자호란을 겪은 뒤 백성들 생활은 어려워졌는데, 여전히 성리학이 이론과 명분에만 매달리자 정치를 바로잡고 백성들을 구제하기 위해 실제 생활에 도움이 되는 학문을 연구하는 학자가 나타났다.

탐구 2 실학을 집대성한 정약용

탐구하기 •목민심서: 고을 수령이 백성을 다스리면서 지켜야 할 도리, 실천해야 할 원칙과 규범을 제시함
•경세유표: 토지 및 세금 제도 개혁 등 국가 제도 전반에 대한 개혁과 민생 안정을 주장함
•흠흠신서: 형벌은 생명을 다루는 것으로 가볍게 여기면 안 되므로 관리가 주의해야 할 점을 제시함

탐구 3 박지원과 박제가

탐구하기 1 양반 사회를 비판하였고, 천시하던 상업에 관심을 가질 것을 주장했다.

탐구하기 2 청나라 문물을 배우고 상업을 발전시켜야 한다고 주장했다. 또 절약보다는 소비를 해야 한다고도 주장했다.

해석 1 정약용이 실학 정신을 실천한 '이계심사건'

해석하기 1 곡산 관아에서 백성에게 군포를 정해진 것보다 다섯 배나 많은 양을 거두어들였기 때문이다.

해석하기 2 다른 수령은 백성이 억울하다고 말하는 것을 귀 기울여 듣지 않았고 백성을 아끼고 사랑하는 마음이 크지 않았다.

해석 2 김정호는 〈대동여지도〉를 왜 만들었을까?

해석하기 목판에 새겨 대량으로 인쇄가 가능했고, 22조각으로 나뉘어 필요한 부분만 휴대가 가능해졌다.

토론 지도를 널리 사용한 것은 국익에 도움이 되었을까?

1) 도움이 되었다.

　대동여지도가 만들어지고 많은 사람이 지도를 쉽게 이용할 수 있게 되자, 멀리까지 장사를 갈 수 있게 되어 상업이 더욱 발전하는 계기가 되었다. 또 국토에 대한 이해가 늘어나 나라 전체 균형 개발에도 도움이 되었다.

2) 도움이 되지 않았다.

백성이 누구나 지도를 가지고 있으면 적에게 넘어가기 쉽고, 침략을 돕는 수단으로 악용될 수도 있다. 또 지도에는 많은 정보가 담겨있기 때문에 기밀 사항이 알려질 수도 있어 국익에 도움이 되지 않는다.

역사에 비추어 보는 오늘

도움말 시대가 변하면 요구하는 능력도 다릅니다. 영어, 중국어 등 다양한 외국어를 습득해야 하는 요즘, 외국어 학습을 놓고 대립하는 의견에 대해 생각해 보는 질문입니다.

생각열기 **예** 세계적으로 영어가 경쟁력이 되는 상황에서 어릴 적부터 체계적인 영어 교육을 시키는 것은 영어 습득을 빠르게 해주고 자신감을 줄 수 있다.

예 모국어도 제대로 습득하지 못한 상황에서 외국어 학습은 언어에 혼란을 줄 수도 있다. 무리한 영어 교육은 아이를 힘들게 하고, 사교육비 또한 큰 부담이다.

04 세도 정치와 농민 봉기

탐구 1 **세도 정치**

탐구하기 세도 정치

탐구 2 **홍경래의 난**

탐구하기 평안도 사람은 과거에 합격하기도 어려웠고, 합격해도 관리로 뽑히지 않는 등 많은 차별을 당했기 때문이다.

탐구 3 **삼정 문란과 임술 농민 봉기**

탐구하기 안핵사를 파견해 난을 수습하고, 봉기 지역 수령은 파직시켰다. 또 '삼정이정청'을 설치해 사태를 파악하고 환곡을 폐지하는 등 개혁안을 만들었다.

해석 1 **홍경래의 난은 왜 실패했을까?**

해석하기 서북 지방 차별 문제만을 내세워 다른 지역에서 지지를 얻지 못했고, 북군과 남군으로 군대를 나누어 힘을 분산시켰기 때문이다. 또 토지 개혁이나 세금 제도 개혁같이 사회를 실제 바꿀 수 있는 방법을 제시하지 못하고 명분만을 앞세웠기 때문에 실패했다.

해석 2 **철종 때 농민 봉기가 크게 일어난 까닭은 무엇일까?**

해석하기 많은 백성이 개혁을 요구했으나 조정은 제대로 대처하지 않았고, 부유한 농민이 돈 주고 양반 신분을 사면서 얼마 남지 않은 농민이 세금을 부담해 고통이 커졌다. 또 민중 의식이 높아져 수탈에 그저 당하고만 있지 않고 적극 대항했기 때문이다.

토론 **농민들이 들고 일어난 것은 정당한 행동이었을까?**

1) 정당한 행동이었다.

나라를 바로잡으려는 정당한 저항이었다. 나라에 아무리 개혁을 요구했지만 이루어지지 않았고, 농민은 저항하는 방법밖에 없었다. 저항하지 않았다면 관리는 더 부패하고 나라는 더 어지러워졌을 것이다.

2) 정당하지 않은 행동이었다.

백성들이 무기를 들고 난을 일으키자 나라는 더욱 혼란에 빠졌다. 또 막대한 재산 피해를 낸 것은 내 나라에 손해를 입힌 일이다.

역사에 비추어 보는 오늘

도움말 우리나라는 법에 의해 다스려지는 법치 국가이며, 파업권도 노동자 권리 가운데 하나로 법에서 보장하고 있습니다. 법에 보장된 권리를 행사하는 것인데, 노동자 파업에 대한 사람들 반응은 여러 가지로 나타납니다. 파업에 대해 고민해 보는 질문입니다.

생각열기 **예** 파업하는 것이 노동 환경을 좋게 하여 더 좋은 물건을 만들거나, 더 좋은 서비스를 만들어 낼 수 있다면 많은 사람에게 좋은 것이라 생각한다. 잠깐 불편해도 모두가 좀 더 나은 환경이나 조건에서 일할 수 있다면 필요하다고 생각한다.

05 서학과 동학

탐구 1 서학 전래

탐구하기 처음에는 서양 학문으로 받아들였기 때문에

탐구 2 천주교 박해

탐구하기 신유박해, 기해박해, 병오박해, 병인박해

탐구 3 동학

탐구하기 1 최제우

탐구하기 2 인내천 사상, 후천개벽 사상

해석 1 천주교는 왜 탄압받았을까?

해석하기 천주교는 평등사상을 내세워 신분제를 부정했고, 유일신 사상으로 조상신을 모시고 제사 지내는 것을 금지했기 때문이다.

해석 2 서학과 동학이 가지는 공통점과 차이점

해석하기 서학과 동학은 이름은 달랐지만 평등사상을 내세워 신분제에 불만을 가진 백성으로부터 지지를 받았다.

토론 평등사상이 퍼지는 데 가장 큰 역할을 한 것은 무엇일까요?

(※본인이 생각하는 가장 큰 역할을 쓰면 됩니다.) 임진왜란과 병자호란을 겪으면서 양반이 권리만 앞세우고 의무는 다하지 않는다는 것을 상민들이 깨닫게 되었다. 또 조선 후기 농업과 상공업 발달로 경제력이 좋아진 상민들은 글을 배우고 정보를 획득할 기회가 많아졌다. 이런 변화로 민중 의식이 성장하면서 신분제에 대한 문제의식이 커졌고 평등사상이 널리 퍼질 수 있었다.

역사에 비추어 보는 오늘

도움말 현재 의무병제로 운영되고 있는 우리나라 군대는 가장 민감한 문제입니다. 헌법재판소 판결로 논란이 되고 있는 양심적 병역 거부와 대체 복무제에 대해 생각해 보는 질문입니다.

생각열기 **예** 양심적 병역 거부를 인정해야 한다. 양심적 병역 거부를 주장하는 사람이 정말로 종교와 양심에 따른 것인지 불분명한 경우도 있지만, 소수에 그칠 것으로 생각한다. 각자가 가진 인권과 양심, 종교 선택을 인정하고 대체 복무제를 통해 나라에 기여할 수 있도록 해 주어야 한다.

예 양심적 병역 거부를 인정하면 안 된다. 우리나라는 아직까지 분단국이자 휴전 상태인 나라이다. 그래서 국방의 의무는 다른 어떤 의무보다 우선해야 한다. 몸이 불편해 임무를 수행하지 못하는 경우를 제외하고, 다른 경우를 두기 시작하면 군대에 가서 병역 의무를 이행하는 사람만 손해를 본다고 생각해 군대에 가지 않으려는 사람이 늘어나 문제가 될 수 있다.

06 흥선 대원군 개혁 정치와 서양 세력 접근

탐구 1 흥선 대원군 개혁 정치

탐구하기 • 비변사를 폐지하고 의정부를 부활시켰다.
• 능력 있는 사람을 고루 임명했으며,《대전회통》같은 법전을 편찬해 통치 체제를 재정비했다.
• 서원을 47개만 남기고 정리했다.

탐구 2 병인양요

탐구하기 병인양요

탐구 3 신미양요

탐구하기 신미양요

해석 1 흥선 대원군은 왜 통상 수교를 거부했을까?

해석하기 흥선 대원군이 서양 세력에 거부감을 갖게 만드는 일이 잇달아 일어났기 때문이다.
1. 영국과 프랑스 군대가 청나라 베이징을 점령해 위태롭게 된 것은 통상 수교를 한 때문이라고 생각했다.

2. 러시아 남하를 막기 위해 프랑스 선교사들 도움을 받으려 했지만 실패했다.

3. 독일인 오페르트가 흥선 대원군 아버지인 남연군 무덤을 도굴하려 시도한 사건이 일어났다.

해석 2 145년 만에 돌아온 조선 왕조 의궤

해석하기 박병선 박사

토론 흥선 대원군이 실시한 통상 수교 거부 정책은 잘못된 결정이었을까?

1) 통상 수교 거부 정책은 올바른 결정이었다.

준비가 전혀 안 된 상태에서 서양 세력에 문호를 개방하면, 청나라처럼 서양 열강들 간섭을 받았을 것이다. 그러므로 당시 조선 상황에서는 통상 수교 거부 정책을 실시하는 것이 최선이었다.

2) 통상 수교 거부 정책은 잘못된 결정이었다.

둘레 국가인 청나라나 일본이 발달된 서양 문물을 받아들이고 있을 때, 조선만이 서양과 통상을 거부해서 근대화를 늦추는 결과를 가져왔다.

역사에 비추어 보는 오늘

도움말 우리나라는 많은 문화재를 약탈당했습니다. 문화재를 되찾아 오는 방법에 대해 고민해 보는 질문입니다.

생각열기 예 약탈된 문화재를 훔쳐왔다면 돌려주지 않아도 된다. 우리나라 문화재를 약탈해간 것인데 돌려줄 이유가 없다. 외교 관계를 운운하며 문화재 환수에 소극적인 자세를 보인다면 약탈해간 국가들이 알아서 문화재를 돌려주는 일은 없을 것이다.

예 약탈된 문화재를 훔쳐왔다면 돌려줘야 한다. 약탈되었다는 확실한 증거도 없고, 설령 빼앗긴 문화재라고 해도 도둑질로 가져올 수는 없다. 힘들고 오래 걸리더라도 정당한 증거와 절차로 떳떳하게 찾아와야 한다.

07 강화도 조약과 갑신정변

탐구 1 강화도 조약

탐구하기 강화도 조약

탐구 2 임오군란

탐구하기 별기군

탐구 3 갑신정변과 3일 천하

탐구하기 민씨 정권을 무너뜨리고 청나라로부터 벗어나 자주독립국을 세우기 위해서

해석 1 권력을 놓고 대립한 흥선 대원군과 명성 황후

해석하기 왕이 스스로 정치를 할 수 있는 스무살이 넘었고, 흥선 대원군이 정치를 제대로 하지 못하고 있다고 판단했기 때문이다.

해석 2 개화 세력이 꿈꾼 나라

해석하기 다른 나라처럼 근대화를 추진하되, 우리나라를 도와주려는 나라들 속셈을 잘 파악해야 한다.

토론 갑신정변은 왜 실패했을까?

(※본인이 생각하는 실패 이유를 쓰면 됩니다.) 백성이 원하는 정변이 아니었기 때문에 백성으로부터 아무런 지지를 받지 못했다. 또 일본만 믿고 있었는데, 청나라가 개입하자 일본이 도망쳐 버렸기 때문이다.

역사에 비추어 보는 오늘

도움말 공공사업은 중앙 정부나 지방 자치 단체가 시행하는 사업을 말합니다. 정확한 수요 조사 없이 임기 내에 성과물을 만들기 위해 사업을 추진하다 결과가 좋지 않고 예산만 낭비하는 경우가 있습니다. 국민 세금으로 진행하는 사업에 대해 고민해 보는 질문입니다.

생각열기 예 수요를 조사하는 단체나 기관을 여러 곳 지정해서 다른 결과를 비교하여 부풀리기가 안 되도록 해야 한다.

08 동학 농민 운동과 을미사변

[탐구 1] **전봉준과 고부 농민 봉기**
[탐구하기] 조병갑

[탐구 2] **동학 농민 운동**
[탐구하기] 전봉준

[탐구 3] **갑오개혁과 을미개혁**
[탐구하기] (※ 이 가운데 세 가지만 답하면 됩니다.) 왕실과 정부 사무 분리, 세금을 돈으로 내도록 함, 과거제 폐지, 신분제 폐지, 연좌제 폐지, 도량형 통일, 조혼 금지, 과부가 다시 결혼할 수 있도록 허용

[탐구 4] **을미사변과 아관 파천**
[탐구하기 1] 을미사변
[탐구하기 2] 아관 파천

[해석] **세상을 바꾸는 개혁, 폐정 개혁 12개조**
[해석하기] 백성이 고통 받는 정치·경제·사회·문화·신분제를 비롯해 모든 차별과 억압을 개혁하려고 했다.

[토론] **아관 파천은 어쩔 수 없는 선택이었나?**

1) 외교력을 발휘한 선택이었다.

을미사변으로 큰 충격을 받은 고종은 일본에서 벗어나 국권을 회복하기 위해서는 일본보다 강하면서 조선을 도울 것이라고 믿었던 러시아에 기댈 수밖에 없었다.

2) 외세에 지나치게 의존한 선택이었다.

갑신정변과 동학 농민 운동 때에도 청나라 군대에 의지해 해결하려고 한 탓에 청나라가 내정을 간섭하는 것을 막지 못했다. 그런데도 또다시 러시아에 기대었고, 결국 자원을 빼앗기는 이권 침탈을 당했으며 국권도 회복하지 못했다. 자력으로 해결하지 못하고 다른 나라에 의존한 결과였다.

[역사]**에 비추어 보는 오늘**

[도움말] 식량 주권이라는 말이 있듯이 농업은 국가 기반 산업입니다. 농업이 왜 중요한지, 농업에 종사하는 농민들이 그에 맞는 대우를 받고 있는지 생각해 보는 질문입니다.

[생각열기 1] **예** 농업에 대한 중요성이 떨어지고 농산물 수입 개방으로 큰 어려움을 겪고 있다. 또 인건비·비료 등 농사에 들어가는 비용은 높아져 가지만, 풍년이면 농산물 값이 떨어지고 흉년이면 팔 농산물이 없는 악순환이 계속되고 있다.

[생각열기 2] **예** 먹지 않고는 살 수 없다. 자급자족이 안 된다면 식량 안보는 위협받게 된다. 곧 다가올 식량 전쟁 시대에 대비하기 위해서라도 농업은 반드시 유지·발전시켜야 한다. 농업 발전은 최근 심각한 실업 문제도 해결할 수 있다.

09 독립 협회와 을사늑약

[탐구 1] **독립 협회**
[탐구하기] 독립 협회

[탐구 2] **대한 제국과 광무개혁**
[탐구하기] 대한 제국

[탐구 3] **을사늑약**
[탐구하기] 이완용, 이지용, 이근택, 박제순, 권중현

[해석 1] **〈헌의 6조〉에는 어떤 뜻이 담겨있나?**
[해석하기] 고종은 처음에는 '헌의 6조'를 받아들였으나 황제를 폐지하고 공화정을 세우려한다는 소문이 돌자 거부했다. 관민 공동회는 더 이상 열리지 못하고 독립 협회도 해산되었다.

[해석 2] **헤이그 특사 파견은 왜 실패했나?**
[해석하기] 고종은 네덜란드 헤이그에 특사를 파견해 을사늑약이 부당함을 알리려 했으나, 이곳에서 열리는 만국 평화 회의는 강대국들이 식민지를 어떻게 나누어 가

질 것인가를 의논하는 회의였다. 즉 국제 정세를 제대로 읽지 못했고, 회의 성격을 제대로 파악하지 못한 것이다. 게다가 일본이 방해했고, 열강 대표들은 무관심했다.

토론 을사늑약이 무효인 가장 큰 까닭은 무엇일까?

(※ 자기 생각을 골라 적으면 됩니다.) 제목도 없고 형식도 갖추지 않은 조약이고, 고종이 비준 도장을 찍지도 않았다. 또 무장 병력을 이끌고 들어가 고종을 협박하고 대신들을 위협했다. 조약 체결을 원하지 않는 상대를 위협해서 맺은 조약은 무효이다.

역사에 비추어 보는 오늘

도움말 고종은 아버지 흥선 대원군과 부인 명성 황후 사이에서, 빠르게 변화하는 시대 상황과 외세 침략 속에서 제 역할을 다하지 못한 임금으로 알려져 있습니다. 최근 고종과 관련된 자료들이 발굴되면서 재평가해야 한다는 목소리도 나오고 있습니다. 고종에 대한 평가를 고민해 보는 질문입니다.

생각열기 예 눈과 귀를 막고 있는 일제에 대항해 을사늑약이 무효라는 친서를 세계 각국에 보낸 고종을 무기력한 왕이라고 단정할 수 없다. 왕으로서 목숨을 건 중대한 일이었고, 위험을 감수한다는 것은 무척 어려운 결단이었기 때문이다.

⑩ 근대 문물이 들어오다

탐구1 근대식 기관이 세워지다

탐구하기

하는 일	근대 기관 이름
서양식 무기를 만들었다.	기기창
신문을 발행하고 정부가 하는 일을 홍보했다.	박문국
화폐를 찍어내고 유통되는 화폐량을 조절했다.	전환국
서양식 의료와 의학 교육을 실시했다.	제중원

탐구2 달라진 의식주 문화

탐구하기 커피와 홍차, 과자와 가공식품, 초밥, 우동 등

탐구3 전기로 달라진 생활

탐구하기 전기 요금이 비싸서 웬만한 부자가 아니고는 사용할 수 없었다.

탐구4 전차와 전화가 들어오다

탐구하기 종로 거리에서 5살 어린아이가 전차에 치어 죽는 사건이 발생했기 때문이다.

해석 일본이 건설한 철도는 누구를 위한 것이었나?

해석하기 일본이 대륙으로 진출하고 식민지인 우리나라를 수탈하기 위한 목적이었다.

토론 대한 제국 시기에 들어온 신문물은 사람들에게 좋은 변화를 주었을까?

1) 좋은 변화였다.

전차와 전화, 전기를 비롯한 신문물이 들어와 생활이 편리해졌다. 외국인 거주 지역이 만들어지면서 한국인이 백화점이나 상가에서 좋은 물건을 자유롭게 살 수 있고 영화를 볼 수도 있었다.

2) 좋은 변화가 아니었다.

우리나라 사람이 주로 살고 있는 농촌은 발전하지 않았고 먹을 것조차 구하기 힘들었다. 농촌을 떠나 도시로 온 사람도 일자리를 구하지 못해 가난하게 살아야 했다. 문명 발전 혜택을 누린 것은 외국인과 일부 한국인뿐이었다.

역사에 비추어 보는 오늘

도움말 스마트폰이 보급되면서 일상생활에 많은 변화가 생겼습니다. 스마트폰 사용으로 생긴 변화에 대해 생각해 보는 질문입니다.

생각열기 1 예 멀리 떨어진 친구와 대화를 나눌 수도 있고, 음악을 듣거나 사진을 찍을 수도 있으며, 숙제를 하기 위해 자료를 찾을 때도 편하게 이용할 수 있다.

생각열기 2 예 스마트폰만 바라보고 있는 아이들은 게임에 집중하고 손바닥만한 화면을 쳐다보느라 정신이 없다. 결국 자세뿐만 아니라 척추 건강과 시력도 나빠지고, 학교 공부도 제대로 할 수 없다.

11 국권 수호 운동, 그리고 한일 강제 병합

탐구 1 **항일 의병 투쟁**

탐구하기 1907년 일제가 군대를 해산시켰기 때문이다.

탐구 2 **애국 계몽 운동**

탐구하기 국채 보상 운동

탐구 3 **한일 강제 병합**

탐구하기 1 이완용

탐구하기 2 조선 총독부

해석 1 **안중근은 살인자가 아니라 전쟁 포로였다**

해석하기 전쟁 포로로 인정되면 이토 히로부미를 죽인 것이 항일 전쟁 중 군인이 벌인 정당한 군사 작전이 되고, 국제법에 따라 군사 재판을 받을 수 있어 일본이 함부로 처벌할 수 없기 때문이다.

해석 2 **애국 계몽 운동이 보여준 의의와 한계**

해석하기 국채 보상 운동을 전개해 누구나 독립운동에 참여할 수 있는 길을 열어주었고, 계몽 활동으로 일제 강점 뒤에도 지속적인 독립운동을 이어갈 수 있는 밑바탕을 만들었다.

토론 안중근이 재판 결과를 받아들인 것은 옳은 결정이었을까?

1) 옳은 결정이었다.

안중근은 사형을 당함으로써 자신이 동포들에게 전하고자 했던 항일 의지를 보여 주어 더 많은 사람이 독립운

동에 나설 수 있는 계기를 만들어 주었다.

2) 옳지 않은 결정이었다.

안중근은 판결을 받아들이지 않고 항소하여 재판이 불리하게 진행되었다는 것을 세상에 알리고, 살아남아 더 많은 일을 했어야 했다

역사에 비추어 보는 오늘

도움말 우리나라 국민은 오래전부터 나라가 위기에 처했을 때 스스로 나서서 문제를 해결하려고 노력했습니다. 시대가 변하면서 위기 상황이나 문제 방식은 달라졌지만 여전히 문제는 생겨나고 있습니다. 이 상황에서 국민이 할 수 있는 일에는 무엇이 있는지 고민해 보는 질문입니다.

생각열기 예 온라인에서 외국인을 대상으로 한국 문화를 널리 알려 우리나라에 관광을 많이 오도록 하고, 한국에 대한 호감도를 높여 한국 제품 구매로 이어지도록 한다.

12 무단 통치와 3·1 만세 운동

탐구 1 **무단 통치**

탐구하기 무단 통치

탐구 2 **경제 수탈을 시작하다**

탐구하기 우리나라 땅을 빼앗아 경제력을 없애고, 우리나라 경제를 일본 마음대로 하기 위해서

탐구 3 **3·1 만세 운동이 일어나다**

탐구하기 어떤 민족이든지 스스로 자기 나라 장래를 결정할 수 있다는 뜻이다.

탐구 4 **총칼로 탄압한 일제**

탐구하기 제암리 학살 사건

해석 **3·1 만세 운동이 독립운동에 끼친 영향**

해석하기 (※ 본인이 생각하는 가장 큰 영향을 쓰면 됩

니다.) 대한민국 임시 정부가 세워지고, 무장 독립 투쟁이 활발해졌다. 또 일제가 형식적으로라도 식민 통치 방식을 무단 통치에서 문화 통치로 바꾸었다. 독립운동에 나서는 사람이 많아졌고, 누구라도 독립운동을 할 수 있다고 생각하게 되었다.

토론 민족 대표 33인이 탑골 공원에 오지 않고 태화관에서 '독립 선언서'를 읽은 까닭은 무엇일까?

(※ 자기 생각을 골라 적으면 됩니다.) 독립할 의지가 없었기 때문이다. 힘을 모아 독립운동을 이루려는 생각이 없었다. 왜냐하면 일제가 총칼로 통치했고, 만세 운동으로 독립이 될 것이라고 생각하지 못했기 때문이다. 또 윌슨이 주장한 민족 자결주의를 잘못 이해하고 있었기 때문이다.

역사에 비추어 보는 오늘

도움말 국민이 선거를 통해 대표자를 뽑고, 그들이 대신해서 나라를 운영해 나가는 것을 간접 민주주의 또는 대의 민주주의라고 합니다. 대의 민주주의 아래에서 국민이 할 수 있는 역할에 대해 고민해 보는 질문입니다.

생각열기 ⑳ 국회의원도, 대통령도 정치를 잘못할 수 있다. 국민이 주인인 민주주의 국가에서는 정치인이 잘못하면 국민이 나서서 나라를 바로잡아야 하는 경우도 있다. 국민 개개인 의견이 아니라 많은 국민이 나라가 잘못되었다고 판단하면 국민 의견과 주장을 얘기할 수 있고, 받아들여지지 않으면 평화적 방법으로 나설 수 있어야 한다고 생각한다.

⑬ 문화 통치, 우리 민족을 분열시키다

탐구1 친일파를 양성하라

탐구하기 일진회에게 한일 병합을 요청하게 했던 경험을 되살려 친일파를 양성해 식민 통치에 이용하려고 했기 때문이다.

탐구2 산미 증식 계획(1920~1934년)

탐구하기 쌀 생산량, 일본

탐구3 실력 양성 운동

탐구하기 물산 장려 운동, 민립 대학 설립 운동

해석1 일제가 문화 통치를 실시한 목적

해석하기 가혹한 식민 통치를 숨기고 친일 세력을 적극 양성해 우리 민족을 분열시키려는 목적이었다.

해석2 민족개량주의자는 어떻게 친일파가 되었나?

해석하기 우리 민족성이 게으르고 이기적이며 나태해서 일제 식민지가 된 것이다. 그러므로 독립운동보다 먼저 민족을 개량하고 실력을 길러야 한다고 했다.

토론 다른 업적이 있는 친일파를 용서해야 할까?

1) 친일파를 용서해야 한다.

한때 친일을 했더라도 독립운동도 했고 우리 문학사에 업적도 남겼다. 친일은 나쁘지만 다른 업적도 있으니 용서해야 한다.

2) 친일파를 용서해서는 안 된다.

친일 행위로 얻은 권력과 재산을 대대로 누리면서 떵떵거리며 잘사는 것을 보고 자란 사람은 나라가 어려움에 처했을 때 결코 나서지 않을 것이다. 친일파를 용서하는 것은 나라를 지키려는 마음이 없는 것과 같다.

역사에 비추어 보는 오늘

도움말 1910년부터 1945년까지 35년간 지속된 일제 강점기는 우리나라 역사에서 씻을 수 없는 상처입니다. 모두가 치욕스러운 역사라고 하면서도 그때 만들어진 문화가 아직도 남아있는 것에 대해 생각해 보는 질문입니다.

생각열기 1. 용언의 명사 → 용언 명사

2. 관형어의 구실을 → 관형어 구실을

3. 나의 책 → 내 책

4. 우리나라의 특산물 → 우리나라 특산물

14 총칼로 일제에 맞선 독립군

탐구 1 무장 독립 투쟁

탐구하기 대한 독립군, 서로 군정서, 북로 군정서 등

탐구 2 봉오동 전투와 청산리 대첩

탐구하기 청산리 대첩

탐구 3 김원봉과 의열단

탐구하기 의열단

탐구 4 신흥 무관 학교를 설립한 이회영

탐구하기 신흥 무관 학교

해석 독립군이 승리할 수 있었던 까닭

해석하기 독립군은 지리적인 이점을 잘 활용했고, 경험이 많은 의병 출신 지휘자가 있었으며, 헌신적인 지원을 한 동포가 있었기 때문에 어려운 여건 속에서도 일본군에 맞서 승리할 수 있었다.

토론 의열단이 벌인 무장 투쟁은 옳은 방식이었나?

1) 옳은 방식이었다.

3·1 만세 운동 때에도 평화로운 방법으로 독립을 요구했지만 일제는 총칼로 탄압했다. 일제가 나라를 무력으로 빼앗고, 무력으로 통치했기 때문에 되찾을 수 있는 방법은 무장 투쟁밖에 없었다.

2) 옳지 않은 방식이었다.

무장 투쟁을 벌이는 과정에서 죄 없는 사람이 희생될 수 있고, 일제의 탄압과 감시가 심해져 독립을 위한 다른 활동을 위축시킬 수 있다.

역사에 비추어 보는 오늘

도움말 일제 강점기 시절 수많은 독립운동가가 벌인 활동이 있었기 때문에 우리나라는 일제로부터 독립을 이룰 수 있었습니다. 나라 독립에 큰 역할을 한 독립운동

가와 그 후손을 어떻게 대우해야 할지 고민해 보는 질문입니다.

생각열기 예 문재인 정부에서는 독립운동가 유족뿐만 아니라 가족에까지 지원 범위를 확대했다. 독립운동가 후손과 그 가족에 대해 국가가 책임을 지려는 모습이 이전보다 확대된 것이 좋아 보인다. 국가가 해야 할 일을 제대로 해 나가고 있다는 느낌이 든다.

15 나라밖에서 탄압받은 우리 동포들

탐구 1 간도 참변과 자유시 참변

탐구하기 간도 참변

탐구 2 관동 대지진과 조선인 대학살

탐구하기 관동 대지진

탐구 3 영원한 고려인, 카레이스키

탐구하기 우즈베키스탄을 비롯한 중앙아시아 국가

탐구 4 멕시코 이주 노동자

탐구하기 에네켄

해석 일본은 관동 대지진 헛소문을 왜 퍼트렸나?

해석하기 정치와 경제 혼란으로 일어난 국민 분노를 다른 곳으로 돌리기 위해서

토론 스탈린은 왜 연해주에 사는 고려인을 중앙아시아로 강제 이주시켰을까?

예 (※본인이 생각하는 이유를 쓰면 됩니다.) 1. 우리나라 사람을 일본 사람으로 여겨 연해주에 사는 우리나라 사람이 일본 침략을 돕기 위해 스파이 활동을 한다고 믿었다.

2. 일제를 피해 이주해온 동포와 의병 부대가 힘을 합치면서 큰 조직으로 발전하자 우리나라 사람이 연해주를 차지한다고 믿었기 때문에 연해주에 자리 잡지 못하도록 강제 이주시켰다.

3. 중앙아시아 지역을 개발하기 위해서였다. 우리나라 사람은 어디를 가든지 열심히 일한다는 사실을 스탈린이 잘 알고 있었다. 기후와 교통이 나빠 개발이 되지 않은 중앙아시아 지역을 개발하기 위해서 우리나라 사람을 강제 이주시킨 것이다.

역사에 비추어 보는 오늘

도움말 일제 강점기 시절 독립운동을 위해서나 살아갈 새로운 터전을 찾아서 만주나 연해주 지역으로 이주한 사람들이 많습니다. 이들 가운데 해방 뒤에 돌아온 사람도, 여러 가지 이유로 돌아오지 못하고 그곳에 정착해 살아간 사람도 있습니다. 이들 후손을 어떻게 대우해야 할지 고민해 보는 질문입니다.

생각열기 예 동포 지위를 주어야 한다. 동포 수가 늘어나더라도 우리나라에 큰 피해는 없기 때문이다.

토론 잘하는 방법

토론은 두 사람 이상이 상대방을 설득하기 위하여 서로 자기 의견을 내세우는 것입니다.

토론을 잘 하려면 어떻게 해야 할까요?

상대방을 존중합니다. 올바른 토론은 상대방 의견은 틀렸으니 무시하면서 내 생각만 고집하는 것이 아니라 상대방의 의견을 존중하면서 내 의견도 내세우는 것입니다. 그래야 상대방도 자기 생각만 고집하지 않고 내 생각을 존중해 줄 것입니다.

'나라면 어떻게 할까'라고 생각합니다. 토론하는 문제에 대하여 나라면 어떻게 할까라고 생각하면 해결책도 쉽게 찾을 수 있을 것입니다. 내가 생각해서 좋을 것 같다는 생각이어야 다른 사람도 설득할 수 있습니다.

상대방의 말을 잘 듣고 어떤 주장을 하는지 파악합니다. 토론은 말하기 보다 듣기라고 할 수 있습니다. 상대방 말을 잘 듣고 어떤 주장을 펼치는지 잘 이해하면 그 주장을 반박하고 더 좋은 자기주장을 내세우는 것도 쉬울 것입니다.

또박또박 자기 주장을 말합니다. 말이 너무 빠르면 상대방이 알아듣기 어렵고, 내 주장을 상대방이 편안하게 받아들이기 어렵습니다. 하지만 또박또박 자기 주장을 펼치면 상대방도 내 말을 잘 이해할 수 있습니다.

결론부터 먼저 말하면 눈길을 끌 수 있습니다. 결론부터 먼저 말하고 그 까닭을 이어서 말하면 듣는 사람이 관심을 집중시키게 되고 내 말을 잘 이해할 수 있게 됩니다.

책을 많이 읽습니다. 토론할 주제에 대해 잘 알아야만 상대방을 쉽게 설득할 수 있습니다. 토론 주제에 대한 지식을 넓히는 방법은 풍부한 독서입니다.

살아있는 역사
재미있는 논술

③ 봉당 정치에서 관동 대지진까지

2007. 12. 5. 1판 1쇄 발행
2013. 7. 1. 1판 6쇄 발행
2018. 12. 20. 개정증보 1판 1쇄 발행

지은이 | 모난돌역사논술모임
펴낸이 | 이종춘
펴낸곳 | BM 주식회사 성안당

주소 | 04032 서울시 마포구 양화로 127 첨단빌딩 5층(출판기획 R&D 센터)
| 10881 경기도 파주시 문발로 112 출판문화정보산업단지(제작 및 물류)

전화 | 02) 3142-0036
| 031) 950-6300
팩스 | 031) 955-0510
등록 | 1973. 2. 1. 제406-2005-000046호
출판사 홈페이지 | www.cyber.co.kr
ISBN | 978-89-315-8158-4(64900)
정가 | 15,000원

이 책을 만든 사람들

기획 | 최옥현
진행 | 오영미
교정 · 교열 | 오영미
본문디자인/전산편집 | 이은희
표지 디자인 | 김은영
일러스트 | 민재회
홍보 | 정가현
국제부 | 이선민, 조혜란, 김해영
마케팅 | 구본철, 차정욱, 나진호, 이동후, 강호묵
제작 | 김유석
사진제공 | 문화재청, 국립중앙박물관, 헬로포토, 한국학중앙연구원, 독립기념관, 모난돌역사논술모임

www.cyber.co.kr ★★★
성안당 Web 사이트

■ 도서 A/S 안내

성안당에서 발행하는 모든 도서는 저자와 출판사, 그리고 독자가 함께 만들어 나갑니다.
좋은 책을 펴내기 위해 많은 노력을 기울이고 있습니다. 혹시라도 내용상의 오류나 오탈자 등이 발견되면 **"좋은 책은 나라의 보배"**로서 우리 모두가 함께 만들어 간다는 마음으로 연락주시기 바랍니다. 수정 보완하여 더 나은 책이 되도록 최선을 다하겠습니다.
성안당은 늘 독자 여러분들의 소중한 의견을 기다리고 있습니다. 좋은 의견을 보내주시는 분께는 성안당 쇼핑몰의 포인트(3,000포인트)를 적립해 드립니다.

잘못 만들어진 책이나 부록 등이 파손된 경우에는 교환해 드립니다.